SV

Sonderdruck
edition suhrkamp

Von jeher muss der Mensch seinen »Stoffwechsel mit der Natur« organisieren. Für Marx war der wichtigste Faktor dabei die Arbeit; als Prometheus, dem Mythos zufolge, das Feuer auf die Erde brachte, kam ein weiterer entscheidender Input hinzu. Seit Hunderttausenden Jahren wird es genutzt, um Nahrung zu garen und Werkzeuge zu härten. In diesem Sinne lässt sich sagen: Alle Geschichte bedeutet die Geschichte von Applikationen des Feuers.

Doch wo Bäume sich vormals nur je einmal verbrennen ließen, verschoben sich die Gewichte der Faktoren Arbeit und Feuer mit der Entdeckung unterirdischer Lagerstätten von Kohle und Öl. Die moderne Menschheit, so Peter Sloterdijk, kann als ein Kollektiv von Brandstiftern gelten, die an die unterirdischen Wälder und Moore Feuer legen. Kehrte Prometheus heute auf die Erde zurück, würde er seine Gabe womöglich bereuen, schließlich droht nicht weniger als die Ekpyrosis, der Untergang der Welt im Feuer. Die Katastrophe verhindern kann nur ein neuer, energetischer Pazifismus.

Peter Sloterdijk, geboren 1947, ist emeritierter Professor für Philosophie und Ästhetik der Staatlichen Hochschule für Gestaltung in Karlsruhe, die er bis 2015 als Rektor leitete. 1983 veröffentlichte er die *Kritik der zynischen Vernunft*; zwischen 1998 und 2004 legte er die Trilogie *Sphären* vor. Zuletzt erschien *Wer noch kein Grau gedacht hat. Eine Farbenlehre*.

Peter Sloterdijk

Die Reue des Prometheus

Von der Gabe des Feuers zur globalen Brandstiftung

Suhrkamp

4. Auflage 2025

Erste Auflage 2023
edition suhrkamp
Sonderdruck
Originalausgabe

Umschlaggestaltung nach einem Konzept von Willy Fleckhaus:
Rolf Staudt
Satz: Satz-Offizin Hümmer GmbH, Waldbüttelbrunn
Druck: C. H. Beck, Nördlingen
Printed in Germany
ISBN 978-3-518-02985-5

Suhrkamp Verlag AG
Torstraße 44, 10119 Berlin
info@suhrkamp.de
www.suhrkamp.de

Inhalt

Bruno Latour in memoriam

»Von allen Verbrechern ist der
Brandstifter der scheinheiligste.«
Gaston Bachelard,
Psychoanalyse des Feuers (1938)

A
»Stoffwechsel mit der Natur«

In einem denkwürdigen Passus seines Hauptwerks *Das Kapital* (1867) hat Karl Marx die menschliche Arbeit als einen »Prozess zwischen dem Menschen und der Natur« definiert, einen

> »Prozeß, worin der Mensch seinen Stoffwechsel mit der Natur durch seine eigne Tat vermittelt, regelt und kontrolliert. Er tritt dem Naturstoff selbst als eine Naturmacht gegenüber. Die seiner Leiblichkeit angehörigen Naturkräfte, Arme und Beine, Kopf und Hand, setzt er in Bewegung, um sich den Naturstoff [...] anzueignen.«[1]

Aus einigem historischem Abstand scheint es berechtigt, diese Aussagen wie die Präambel zu einer generalisierten, für die Gegenwart mehr denn je relevanten energetischen Anthropologie zu lesen – auch wenn die Grundausdrücke »Naturkräfte« und »Naturstoff« noch sehr vom grobmaterialistischen Zeitgeist des 19. Jahrhunderts affiziert erscheinen. Wesentlich und zukunftweisend ist besonders der halbmetaphorische Ausdruck »Stoffwechsel«, mit dem von biologischen zu kulturellen Phänomenen eine Brücke geschlagen wird. Insofern der »Stoffwechsel« in Form von Arbeit, das heißt von menschlichem rationalem Kraftaufwand, geschieht, verläßt er die Sphäre naturhafter Automatismen, wie sie bei der Photosynthese oder der Verdauung von Kohlenstoffen und Proteinen bestimmend sind; er wird zu einem konstitutiven Moment dessen, was man

1 Karl Marx, Das Kapital. Kritik der politischen Ökonomie, Erster Band (1867), Marx-Engels-Werke (MEW), Band 23, Berlin 1962, S. 192.

zu Recht als »Kultur« bezeichnet, das heißt als einen Inbegriff des in Wiederholungen basierten, wissend-pflegenden menschlichen Verhaltens.

Was Marx an dieser Stelle nicht eigens betont, ist die Tatsache, daß die Begegnung von »Kraft« und »Stoff« nicht nur durch die Aktivierung von Armen und Beinen, Köpfen und Händen in Gang gesetzt wird. Zu diesen in der »Leiblichkeit« angelegten »Naturmächten« tritt schon in prähistorischer Zeit ein außerleibliches Agens hinzu, ohne welches der sogenannte »Stoffwechsel mit der Natur« wie bei den anderen Tieren auf einer vegetativen bzw. chemisch-mikrobischen Ebene fixiert geblieben wäre. Das außerleibliche Agens ist das Feuer, der älteste Komplize von *homo sapiens* bei seinem Ausbruch aus dem Zirkel bloßer Naturbedingungen. Es war zugleich eine der frühesten Größen, die von Menschen als Manifestationen des transzendenten Prinzips »Kraft« und »Macht« aufgefaßt werden konnten – eine anfängliche Gottesmetapher neben Wind, Blitz und Sonne.[2]

Erst durch dessen Einschließung in den Kreis menschlicher Handhabungen wurde die Assimilation der Naturstoffe an die menschlichen Bedürfnisse im engeren Sinn möglich. Während das Rohe schon in frühen »Gesellschaften« für naturhaft Gebliebenes stand, wurde das Gegarte zum Inbegriff des Assimilierten, des durch feurige Naturkraft in menschlichem Gebrauch Verwandelten – wie Claude Lévi-Strauss in einer seiner mythologischen Studien gezeigt hat. Aus dieser Perspektive ist die Aussage berechtigt, die wesentliche Technik – neben der Herstellung primitiver Jagd- und Kampfwaffen aus Stein – sei seit je Pyrotechnik gewesen. Da die marxsche Tonart bei Fragen dieser Art noch immer naheliegt, wäre diese Aussage durch

2 Roberto Calasso, Die Glut, München 2015.

den Satz zu ergänzen, daß alle Geschichte der bisherigen Menschheit die Geschichte von Applikationen des Feuers bedeutet. Es war der junge Marx, der in seiner Dissertation notierte, Prometheus, in seiner Eigenschaft als Überbringer des Feuers vom Sonnenwagen am Himmel zu den Menschen, sei »der vornehmste Heilige und Märtyrer im philosophischen Kalender«.[3]

Die assimilatorische Macht des Feuers manifestiert sich anfangs in bevorzugter Weise bei der Manipulation von Nahrungsmitteln, sie macht die Jagdbeute human genießbar; ohne die Alchemie der Hitze gelingt die Verwandlung von rohem Korn in Brot nicht. Das gehandhabte Feuer bildet das erste X in der Formel »Muskelkraft plus X«, die den Stoffwechsel des Menschen mit der Natur durch Arbeit beschreibt. Es bildet die Differenz-Energie, die ursprünglich einen Unterschied macht, den von roh und gar; überdies scheidet das Feuer das Metall vom Erzklumpen, es gibt dem Schmiedehammer Gelegenheit, heiße Eisen zu scharfen Klingen zu formen.

Die Ausdrücke »Kraft« und »Stoff« verweisen zurück auf die frühen griechischen Abstraktionsbegriffe *dynamis* und *hyle*. Noch bei Homer hatte *hyle* unmißverständlich Dinge wie Holz, Gehölz, Wald bezeichnet, indes bei Aristoteles aus dem alten Holz der »Stoff« schlechthin geworden war, die »Materie«, das Woraus aller Dinge, das allgemeine Gegenüber der »Form« (*morphé*, *eidos*). Bedenkenswert bleibt, daß der Materiebegriff der klassischen Physik und Metaphysik zumindest etymologisch eine ferne Erinnerung an das erste Brennbare bewahrt.

Das metabolische Regime, das die ältesten menschlichen Kulturen prägt, bleibt bis auf weiteres – für viele

3 Karl Marx, Differenz der demokritischen und epikureischen Naturphilosophie (1841), MEW 40, S. 257-373, S. 263.

Jahrtausende – durch Kleinräumigkeit und relative Geringfügigkeit der Massenumsätze bestimmt. Noch sind die feuermachenden Jäger, Fischer, Krieger und Sammlerinnen fast überall zu schwach, um die Reproduktionskraft ihrer Beutetiere und die Wachstumszyklen ihrer vegetativen Umwelten zu zerstören. Vielmehr entwickelt sich schon früh eine Art von Gefühl für die Reziprozität des Verhältnisses von Mensch und Natur; es manifestiert sich in dem protoreligiösen Impuls, regenerative Dienste zu leisten und Opfer oder Gegengaben an eine Mitwelt aus Geistern, Ahnen und numinosen Mächten darzubringen. Andererseits sehen es Paläontologen seit einigen Jahren als erwiesen an, daß die vor ca. 50000 Jahren in Australien einwandernden Stämme, heute Aborigines genannt, es waren, die durch ihre Jagden das Aussterben der dortigen Großtierwelt verursachten. Es wäre unangemessen, den Vorfahren des heutigen Menschen summarisch so etwas wie ein Bewußtsein von ökosystemischen Beziehungen oder einen Sinn für »Ressourcen«-Schonung zu unterstellen. Knochenfunde am Fuß des Felsens von Solutré nahe der burgundischen Stadt Mâcon sprechen dafür, daß steinzeitliche Jäger dort über Jahrtausende Wildpferde den Berg hinaufgetrieben haben, bis diese an der Klippe vor Panik in die Tiefe sprangen; dort wurden die Tiere, falls sie nicht auf der Stelle tot waren, von den Jagdgefährten erschlagen und ausgeweidet – eine Fleischausbeute für viele Tage war gesichert, ein Gütesiegel für die Beachtung von Tierwohlkriterien konnte noch nicht vergeben werden. Der Felsen aus versteinerten Pferdeknochen am Fuß der Klippe zeugt für ein ganzes Weltalter einer archaischen Verschwendungs-»Wirtschaft«. Die läßt sich den geläufigen Mythen über die paläolithische Einheit von Mensch und Natur in keiner Weise einfügen. Wo explizit schonende Regelungen auftreten, wie in den Waldpflegegesetzen des alten China oder in der Wasserschutzverordnung der von Kaiser Friedrich II. erlassenen Konstitutionen von Melfi (1231), hat man es schon mit ersten Regungen einer hochkulturellen ökologischen Intelligenz zu tun.

B
Sklavenarbeit und Arbeit überhaupt

Die lange Nacht der Prähistorie ging in das Zwielicht der geschichtlichen Zeit über, als die Jäger und Sammler archaischer Welten zu der folgenschweren Entdeckung gelangten, die Jagd auf tierische Beute lasse sich zur Jagd auf menschliche Beute ausweiten. Deren Folge ist die Etablierung der Sklaverei – einer Institution, die über lange Zeiten parallel mit der Haltung der Nutztiere bestand. Auch der Umgang mit Tieren wurde in jener Dämmerungszeit von der Jagd mit Tötungsabsicht auf Hegung mit Nutzungsabsicht umgestellt, mit Folgen, die in historischer Zeit nie wieder vergehen sollten. Nun kann die primäre Stoffwechselformel: »Muskelkraft plus X« präzisiert werden. In allem, was folgt, ist zwischen eigener (herrischer) und fremder (sklavischer, nutztierischer) Muskelkraft zu differenzieren. Dies ergibt den zweiten Unterschied, der außerhalb des Symbolischen einen Unterschied macht. Neben dem pyrotechnischen Plus kommt in den frühen viehzüchterischen und in den ersten sklavenhaltenden Gesellschaften ein prägnantes Mehr an lenkbaren Muskelkräften ins Spiel; diese lassen sich für alle möglichen Ausführungshandlungen vom Typus »Arbeit« einsetzen, vor allem in der Sphäre des beginnenden Ackerbaus und in Kontexten palastwirtschaftlicher Dienste, doch auch bei der Errichtung von Tempeln und fürstlichen Grabanlagen.

Wo der Horizont der so verstandenen ursprünglichen fremdmuskulären »Arbeit« wächst, erfährt der Energiehaushalt der »Gesellschaften«, besser: der frühen Staatskonstrukte, eine explosive Erweiterung. Durch sie treten die anfänglichen Hochkulturen als Überbauungen von massenhafter sklavischer Anstrengung ins Dasein. Dabei konnte der trügerische Schein aufkommen, die allgemeine »Arbeit«, als summierte Leistung der muskulären Aufwendungen einer Population begriffen, rücke in der Energiebilanz der despotischen Staaten an die erste Stelle, indes die Beiträge aus der Sphäre der Brennstoffe nachrangig würden. Tatsächlich setzt sich die Summe der muskulären Verausgabungen in einem frühen staatlichen oder agroimperialen System primär aus sklavischen Leistungen zusammen – sei es, daß diese durch den von Platon so genannten, zur Bewirkung des Nützlichen und Notwendigen bestimmten »Dritten Stand« erbracht werden (in dem auch die Handwerker [*banausoi*, *demiourgói*] enthalten sind), sei es, daß sie von unterworfenen »Barbaren« geleistet werden, die dem Philosophen ihrer Barbarei, das heißt ihrer Vernunftlosigkeit wegen »von Natur aus« (*kata physin*) als zum Sklave-Sein geeignet gelten.

Die aristotelische Definition des Sklaven als eines »belebten Werkzeugs«, in diesem Rahmen aufgefaßt, erwies sich jedoch von Anfang an als unzureichend: Es kam ja weniger auf die mechanischen Werkzeugqualitäten des Sklaven an als auf seine Beschaffenheit als anthropomorphe Muskelgruppe, somit auf seine Verwendbarkeit als erste Kraftmaschine. Die Geschichte der mechanischen Kraftanlagen (in denen ein Kraftsystem mit einem Ausführungssystem gekoppelt ist) beginnt nicht mit den zahlreichen Wassermühlen des Mittelalters und den Windmühlen, die vom 16. Jahrhundert an die Landschaften der nordeuropäischen Länder belebten (allein Holland soll mehr als 10000 Mühlen besessen haben, das Deutsche Reich 20000), auch nicht mit den Dampfmaschinen, die von der Mitte des 19. Jahrhunderts an die älteren Energiesysteme überflügelten, sondern, Jahrtausende früher, mit dem Einsatz von humanoiden Biomaschinen als muskelbewegten und befehlssensiblen Erzeugern von gewünschten Effekten.

In juristischer Hinsicht besteht das Merkmal des sklavischen Status in der Abwesenheit des Vermögens freier Selbstverfügung. Der Sklave, die Sklavin sind auch nach antiker Auffassung menschenförmige Geschöpfe, sie gelten jedoch ihren Besitzern als Automaten, bei denen gewissermaßen die Ich-Taste deaktiviert ist. Daher mangelt es ihnen an der Fähigkeit, sich selbst zu besitzen und sich selbst zu beherrschen. Sie scheinen »von Natur aus« auf Lenkung durch andere programmiert zu sein, sei es im Rahmen staatlicher Verwendungen, sei es im Kontext des zivilen Haushalts, in welchem die Sklaven den Herren unmittelbar zuhanden sind. Dem Codex Justinianus von 529 zufolge ist einem Sklaven, der seinem Herrn entläuft, der Tatbestand des »Selbstdiebstahls« (*furtum sui*) vorzuwerfen – ein paradoxes Verbrechen, bei dem ein und dieselbe rechtsunfähige Nicht-Person den Dieb und das Diebesgut bildet.

Zu gültigem Selbstbesitz konnten Sklaven auf legale Weise allein durch den Rechtsakt der Freilassung (*emancipatio*) gelangen – wörtlich: durch die »Aus-der-Hand-Gebung« von Seiten des vormaligen Herrn. Eine Massenflucht von Sklaven ließe sich eventuell durch einen Akt nachträglicher Legalisierung in Zustände relativer Freiheit überführen – sei es durch eine allgemeine Verleihung des Bürgerrechts (in Analogie zum Edikt von Caracalla 212), sei es durch eine religiöse Nachahmung der zivilen »Emanzipation«. Hierbei würde der Sklave sich von seinem irdischen Herrn lösen, um sich Christus als neuem Herrn anzugeloben. In Luthers Schrift *Von der Freiheit eines Christenmenschen* (1520) kulminiert das christliche Paradoxon, indem die Lossagung von aller äußeren Herrschaft mit der freiwilligen Knechtschaft unter dem Liebesdienst verbunden wird – indessen die Gehorsamsschuld gegenüber der weltlichen Obrigkeit von Luther durch das latent blasphemische Argument, auch diese sei von

Gott, erschlichen wird. In diesem Zusammenhang ist die Selbstbezeichnung des Paulus als »Sklave Christi« programmatisch folgenreich (*doulos Christou*: Römer 1,1 und an vier weiteren Stellen[1]); sie enthält *in nuce* die Begründung einer Assoziation aus Dienern im Haus einer jenseitigen Autorität – weswegen der westliche Mensch, als Christ, immer schon als Diener zweier Herren auf der Bühne steht.

Für das gesamte Weltalter der sklavenhaltenden Gesellschaften macht sich eine neue Stoffwechselformel geltend: Befehlsgewalt plus Biomaschinenpark plus pyrotechnisches X. Die massive Sichtbarkeit der arbeitenden Sklavenheere verdeckte seit je die Tatsache, daß auch auf dem Höhepunkt der muskelenergetischen Kraftentfaltung die pyrotechnischen Helfer der Kulturen ein mindestens gleichwertiges Plus in die metabolischen Regime reifender Hochkulturen einbrachten – sie leisteten dies in Gestalt der zahllosen Feuerstellen, die in Kaminen, Küchenherden, Backstuben, Schmieden, metallurgischen Manufakturen, keramischen Brennöfen und Bädern für die erwünschten Wirkungen sorgten. In besonderer Weise gilt das für die bronzezeitlichen Zivilisationen, als das Schmelzen von Zinn und Kupfer zu einem waffentauglichen Amal-

1 Die modernen Menschen lassen sich in ihrer großen Mehrheit als Nachfolger und Nachkommen entlaufener bzw. umgeeigneter Sklaven ansehen. Durch die im Jahr 1789 erfolgte, später neu redigierte Erklärung der Menschen- und Bürgerrechte attestieren sie sich, daß sie Recht hatten, sich selbst zu stehlen, weil sie, wenn sie zuvor Sklaven waren, durch unrechtmäßige Entfremdung sich selbst entrissen worden wären. Das paracelsische Motto: »Keinem anderen gehöre, wer sich selbst gehören kann«, deutet auf den modernen Leitsatz voraus, wonach der mündige Erwachsene *von Natur aus* ein freiheitsfähiges Wesen sei und das Kind des Menschen ein zum Freisein-Können zu erziehendes.

gam bereits einen nicht unbeträchtlichen Aufwand an Brennstoffen nötig machte. Aristoteles hatte freilich schon das Holz als Materie ohne Eigenschaften zum Schweigen gebracht, und vor der Erfindung der deutschen Forstwissenschaft im frühen 19. Jahrhundert besaß der Wald keine Lobby – das försterliche Grundwort »Nachhaltigkeit« (1713 von Hans Carl von Carlowitz in dem Buch *Sylvicultura oeconomica* geprägt) ist erst seit wenigen Jahren in aller Munde, begleitet von seinem englischen Double *»sustainability«*. Mit ihm wird von den Angehörigen fossilenergetisch basierter Gesellschaften dem alten Forstwissen billiger Lippendienst geleistet, indessen man seine wirkliche Bedeutung weiterhin auf breitester Front ignoriert: daß aus Beständen nur entnommen werden darf, wofür, gemäß dem Prinzip der stetigen Erneuerung, adäquater Ersatz, försterlich gesprochen: »Nachwuchs« geleistet wird.

Mit der Erhebung von befehlenden Menschen über Sklaven, Diener und Gehorsamspflichtige entwickelt sich in den imperialen Sprachen die Anredefunktion formal und pragmatisch zum Imperativ. Die Fähigkeit, Befehlssätze sinnvoll und wirksam zu gebrauchen, charakterisiert die Klasse der Herren. Den Sklaven wird der Habitus anerzogen, Befehlen mit Gehorsam zu entsprechen, besser: ihnen in der Disposition der gehorsamen Verfügbarkeit zuvorzukommen: Daher der lateinische Gruß *ego sum servus tuus*, aus dem im Süddeutschen *servus* wurde, im Italienischen *io sono il schiavo tuo*, sprich *Ciao!* – indessen beide Wendungen heute nur noch beim Austausch von Höflichkeiten zwischen Gleichberechtigten vorkommen. Aristoteles insistierte in seinen politischen Schriften mit einigem Pathos darauf, daß es kein Gemeinwesen, keine humane »Zusammenordnung« ohne das Gespann von Herrschen und Beherrschtwerden (*archein* und *archestai*) geben könne. Das Herrschende müsse naturgemäß das zur Besinnung (*dianoia*) Fähige sein; das Gehorchende fällt der an Besinnung armen Seite zu. Zu Sklaven werden vollends freilich nur die, deren Dasein ganz auf das Körperliche (*soma*) begrenzt bleibe.[2] In der Regel bedeutet Gehorsam die Bereitschaft zur Unterwerfung unter muskuläre Anstrengungsprogramme.[3]

Der sklavischen Ökonomie und ihren herrischen Überbauungen bleiben relativ enge Grenzen durch die Tatsache gesetzt, daß man jeden Baum nur einmal verbrennen kann (indes die Ernten auf den Feldern immerhin durch die mehr oder weniger verläßliche Wachstumskraft der Böden jahresrhythmisch anfallen). Bis zum Nachwachsen des Baums vergehen viele Jahre. Die Langsamkeit der Holzproduktion dämpft den Übermut der Herren – und die relative Kargheit der Überschüsse aus der landwirtschaftlichen und gärtnerischen Bestellung der Böden bewirkt das übrige. Auch läßt die Langsamkeit des besteuerbaren Handels mit Waren aus nahen und fernen Umkreisen dem fürstlichen Fiskus keine größeren Spielräume. Das noch ungebrochene Gesetz der Knappheiten erinnert auch die Tyrannen daran, daß es nur im Ruin enden kann, wenn sie ihrer Lust, Unmögliches zu befehlen, nachgeben.

2 Olof Gigon, Die Sklaverei bei Aristoteles, in: Entretiens sur l'Antiquité classique 11, 1965, S. 247-276.

3 Von diesen sind die (nicht selten sklavischen) Tätigkeiten der Holzfäller, der Köhler, der Heizer und der Schmiede am deutlichsten auf der Grenze zwischen der muskulären und der pyrotechnischen Ökonomie plaziert. Vom Beginn des Kohlezeitalters im 18. Jahrhundert an geht die intermediäre Position auf die Arbeiter im Kohlebergbau über. Sie bilden, zusammen mit den Schriftsetzern und den Arbeitern an den Hochöfen der Eisen- und Stahlindustrie, die Elite des klassischen heroischen Proletariats.

C
Der Mythos der Freiheit und die pyrotechnische Zivilisation

Es gehört zu den bevorzugten Mythen der Moderne, sich ihre eigene Geschichte als einen fortschreitenden Befreiungsprozeß zu erzählen. Während Rousseau seinen Traktat *Vom Gesellschaftsvertrag* (1762) mit dem Diktum eröffnet »Der Mensch ist frei geboren, und liegt doch überall in Ketten« (*L'homme est né libre, et partout il est dans les fers*), nehmen die geschichtlichen Dinge in Europa einen Verlauf, als sollte ein nirgendwo explizit niedergeschriebener Satz mit entgegengesetzter Tendenz wahrgemacht werden: »Allenthalben liegt der Mensch in Ketten, und es erwachen doch überall Kräfte, um in ihm die Überzeugung zu wecken, er sei frei geboren.« Der Satz macht sich geltend, sobald in den sich modernisierenden Zivilisationen Vorahnungen aufkommen, wonach der Mensch nicht für alle Zeit ein ohnmächtiger Untertan der Knappheit bleiben müsse.

Anfangs jedoch verschärfen sich angesichts erneuerter Freiheitschancen die Erfahrungen des Mangels. Tatsächlich, sobald man der Realgeschichte der sogenannten Freiheit nachforscht, tritt in der beginnenden Neuzeit zunächst deren dunkle Seite hervor. Wenn auch im europäischen Westen, den man retrospektiv und zumeist mit falsch konservativer Betonung das »christliche Abendland« nannte, die Verhältnisse förmlicher Sklaverei spätrömischen Stils sich auflösten und in diverse Formen grundherrschaftlicher Zugehörigkeiten übergingen – ob diese nun als »Leibeigenschaft« (*le servage, the serfdom*) bestimmt waren oder nicht –, blieben doch die ökonomischen Zustände der meisten im allgemeinen weiterhin so prekär, daß zahllose einzelne ihrer scheinbar freien Lage nicht froh werden konnten. Dies galt insbesondere dann, wenn sie zu den Unglücklichen gehörten, die durch die Einfriedung vormals gemeinschaftlich genutzter Flächen von Weiden und Wäldern aus ihren herkömmlichen ländlichen Lebenszusammenhängen entwurzelt wurden. Nach dem Aufkommen der Städte im Mittelalter, der Manufakturen in der frühen Neuzeit und des Fabrikwesens im 18. Jahrhundert befanden sich zahllose männliche Erwachsene in einer Position, die in der marxistischen Historie als die des »freien Arbeiters« beschrieben wurde. Arbeiter dieses Typs waren *de facto* keinem Herrn in direkter Dienstbarkeit unterstellt, sie konnten aber ihren wenig glückbringenden Besitz an sich selbst nur auf zwei verschiedene Weisen geltend machen: Entweder man »sozialisierte« sich als Vagabund, Bettler, Parasit, Almosensucher, Taschendieb und dergleichen in einem halb oder gänzlich kriminellen Milieu, das ein mühsames Auskommen an der Elendsgrenze versprach – einige dieser Varianten des »freien Lebens« sind unter dem Namen »Lumpenproletariat« in die sozialgeschichtlichen Annalen eingegangen; sie haben in François Villon (1431-1463) ihren Dichter gefunden, den Herold frühmoderner Galgenvogelpoesie. Im anderen Fall verkaufte man sich bzw. die einem selbst gehörende »Arbeitskraft«, das heißt überwiegend die eigene muskulär-mechanische Leistungsfähigkeit zusammen mit einem praktisch erworbenen *savoir faire*, an einen Patron, einen Industriellen, einen »Arbeitsgeber« oder »Kapitalisten«, um durch den Lohn für geleistete Arbeit zu »verdienen«, was man *cum grano salis* einen Lebensunterhalt nennen durfte. Der Name »Proletariat« deutet auf den Umstand, daß Arbeiter in solcher Stellung kaum je imstande waren, privates Eigentum zu erwerben, ja, daß sie bloß eigene Nachkommen (*proles*) in die Welt setzen konnten, indes die Löhne in der Regel gerade für die schlichte Erhaltung des Lebens der Arbeiter und der Ihren ausreichten; Proletarierfrauen verharrten zumeist in halbsklavischer Abhängigkeit von ihren lohnabhängigen Männern.

Diese von dominierender Agrikultur, vielfältigem Handwerk und marginalem Manufakturwesen geprägten Zustände hätten sich vermutlich auf alle Zeit kaum verändert, wäre der Gang der Geschichte nicht durch einen neuen Faktor, einen Game-Changer von explosiver Wirksamkeit unterbrochen worden. Mit den innovativen Verbrennungsmaschinen, die die sogenannte »Dampfkraft« in kinetische Energie umsetzten, öffnete sich vom späteren 17. Jahrhundert an, dann vollends im späten 18. ein neuer Horizont. Ein radikal verändertes metabolisches Regime warf seinen Schatten voraus. Mit einem Mal schien es nicht mehr wahr zu sein, daß man einen Baum nur einmal fällen und seine Scheite nur einmal verbrennen konnte. Aus der Tiefe der Erde schienen unzählige Bäume an die Oberfläche zu steigen, die man immer wieder verbrennen durfte und die doch wie ins Grenzenlose nachwuchsen. In die Brennkammern der Maschinen, die die industrielle Revolution befeuerten, strömte in der Gestalt von Kohle ein Überschuß an Energien ein, die offenkundig dem Gesetz der langsamen Regeneration entzogen waren.

Was von jetzt an verbrannt wird, ist nicht mehr bloß das in menschlicher Zeit gewachsene Holz der historischen Wälder – auch nicht mehr der Torf aus der jüngeren Erdgeschichte, der den Holländern des 17. Jahrhunderts zusammen mit der Windkraft an Land wie zur See zu ihrer Hochblüte verhalf,[1] ebensowenig wie die von Köhlern hergestellte Holzkohle, die seit längerem vor allem bei der

1 Simon Schama, Überfluß und schöner Schein. Zur Kultur der Niederlande im Goldenen Zeitalter, München 1988.

Verhüttung von Eisen in den metallurgischen Manufakturen eine Rolle spielte. In Gestalt von Steinkohle und Koks, später auch – und seit Beginn des 20. Jahrhunderts stark vermehrt – in der Erscheinungsform des Erdöls gelangen metamorphe Hölzer und Relikte pflanzlichen Lebens in den Stoffwechsel des Menschen mit der Natur – oder, um mit einem glücklichen Ausdruck des Pioniers der ökologischen Geschichtsschreibung Rolf-Peter Sieferle (1949-2016) zu sprechen: *Der unterirdische Wald* (so der Titel seines wichtigen Buchs von 1982) der vegetativen Erdgeschichte wird zum Objekt einer hybriden Forstwirtschaft – einer Forstwirtschaft, die ohne Pflanzungen und nachhaltige Waldpflege auskommt; statt dessen setzt sie durchwegs auf mechanische Extraktionen und diverse Methoden der vertikalen Ausbeutung tiefliegender Vorkommen. Nun werden die versteinerten und verflüssigten Hyper-Urwälder ungeheurer Vergangenheiten in die historische Zeit zurückgebracht und im industriellen Hier und Jetzt durch unzählige maschinentreibende Feuer aktualisiert. Was wir für die modernen Zivilisationen halten, sind »in Wirklichkeit« Effekte von Waldbränden, die die Heutigen in den Relikten des Erdaltertums entzünden. Die moderne Menschheit ist ein Kollektiv von Brandstiftern, die an die unterirdischen Wälder und Moore Feuer legen.

Jetzt erst, mit der illusionsträchtigen Erfahrung einer virtuellen pyrotechnischen Unendlichkeit im Rücken, kann sich in der neuzeitlichen Naturwissenschaft ein allgemeiner Begriff von *Energie* oder *Kraft* ausbilden – naturgemäß spielt für ihn die Anschauung des Zusammenhangs von Hitze, Ausdehnungsdruck und Bewegung eine wesentliche Rolle. Durch die Entdeckung der Bernsteinkraft alias Elektrizität vom 18. Jahrhundert an (durch Galvani, Volta, du Fay, Coulomb, Ohm, Ampère u. a.) sowie des

Elektromagnetismus im 19. Jahrhundert (durch Ørstedt, Hertz, Maxwell u. a.) betreten zusätzliche Faktoren die Schaubühne der Wirkursachen – heute fungieren sie als quasi neutrale Vermittler zwischen allen Typen von Kraft. Was bei den Griechen der Antike *energeia* geheißen hatte – das Potential eines Lebewesens, die in ihm angelegte Aufgabe, das von innen her vorgesehene »Werk«, *ergon*, nämlich die Entfaltung der Anlagen, es selbst zu werden –, veräußerlicht sich zu einer Bewirkungskraft schlechthin, einem Quantum »Energie« als solcher. Die moderne Kraft braucht die Orientierung an einem lenkenden inneren Sinn nicht mehr. Statt *en-ergeia* genügt die pure »Ergie«, Ausführungskraft ohne Richtungsangabe. So wie der Marxschen Diagnose zufolge erst aufgrund der modernen Modi des menschlichen Stoffwechsels mit der Natur im kapitalbewegten Fabriksystem die Abstraktion »Arbeit« als solche phänomenal hervortreten konnte: als »Arbeit überhaupt, Arbeit *sans phrase*«, so wird durch das metabolische Regime der Kohleära die Kraft überhaupt, die Kraft *sans phrase* – eben unter dem Namen »Energie« – als eines der Leitkonzepte modernen Verständnisses von »Wirklichkeit« freigesetzt. Sie fließt, die neuere Zivilisation als ganze prägend, in Expressionismen, Intensivismen, Vitalismen und Dynamismen[2] aller Couleurs ein. Wo auch immer künftig von Steigerung, Vermehrung und Wachstum (im nicht-agrarischen Sinn) die Rede sein wird, spielt die sich omnipotent wähnende, traumfreundliche, zugleich grenzenfeindliche Energetik des neuen Regimes die tragende Rolle.

Wirklich heißt demnach, was Kraft enthält; verwirk-

2 Vgl. zur sog. »dynamistischen Verfehlung« in der alteuropäischen Ideengeschichte Hermann Schmitz, Adolf Hitler in der Geschichte, Bonn 1999.

lichen kann sich, was Kraft in anderes überträgt.[3] Kraft, die in Zeichen eingeht, erzeugt Ausdruck. Die Welt als solche erscheint als Großbaustelle wirkender Kräfte. Weil Arbeit als abstrakter Leistungsbegriff in Gestalt ihrer Besitzer sichtbar auftrat, wurde die Behauptung plausibel, es gebe eine »Arbeiterklasse« als empirisch faßbare soziale Größe. Diese als »Proletariat« zu bezeichnen war eine riskante, vorübergehend suggestive Namenswahl – riskant, weil mit undurchschauten biopolitischen Implikationen belastet.[4] Da sich die »Realabstraktion« im ökonomischen System handgreiflich vollzieht, nimmt es nicht wunder, wenn die Vielheit der »Arbeitenden« realiter, tastbar und sichtbar, auf der gesellschaftlichen Bühne erschien. Dieser Vielheit, dem »Proletariat« alias *working class*,

3 Es ist kein Zufall, daß der quasiphysikalische Begriff »Impetus« – Kraftübertragung durch direkten Stoß – dem der »Arbeit« (als Summe von Einwirkungen auf einen Körper aufgefaßt) vorausgeht; vgl. Michael Wolff, Geschichte der Impetustheorie. Studien zur Geschichte der klassischen Mechanik, Frankfurt am Main 1978. Der neuere Arbeitsbegriff bleibt seinerseits auf einen begrenzten Geltungsbereich beschränkt, da er weder die Gravitation noch die Bindungskräfte zwischen Elementarteilchen erklärt.

4 Deren Tendenz wird in den Thesen zum »Bevölkerungsgesetz« des Malthusianismus explizit gemacht: Demnach bergen Lohnerhöhungen und karitative Subventionen die Gefahr, die Fortpflanzungslust der Armen zu steigern. Einer nur geringfügig vermehrbaren Menge an Lebensmitteln stehe daher bald eine stark vermehrte Zahl an Essern gegenüber. Folglich: Je mehr »Soziales«, desto mehr Unheil. Da Malthus Geburtenregelung durch Empfängnisverhütung aus religiösen Gründen ablehnte, mußte er die Zügelung der Reproduktion in der proletarischen Familie von der mahnenden Stimme des Elends erwarten. Es gelte, die Zahl derer so gering wie möglich zu halten, für die beim »Bankett des Lebens« kein Gedeck aufgelegt worden sei. Der Ausdruck »Proletariat« erweist sich als widersinnig in den demographischen Situationen, in denen die Arbeiterklasse einer Nation nicht fähig ist, die Nachfrage nach Arbeit mit eigenen Nachkommen zu befriedigen.

fehlte zu einer Existenz-für-sich, das heißt zu ihrer Selbstbehauptung als des Kollektivs der Träger von »Arbeit überhaupt«, nur noch das adäquate »Klassenbewußtsein«. Dies zu wecken, zu lenken und in einer nach der Staatsmacht greifenden »Partei« zu bündeln, wurde zur selbstgewählten Aufgabe mehrerer Generationen von Intellektuellen – manche verstanden sich nach Lenins Vorbild als »Berufsrevolutionäre« –, die für sich die zu einem befreienden Umsturz notwendigen und zureichenden Einsichten in die maßgeblichen sozialen Zusammenhänge reklamierten.

Wo Arbeit zur Quelle aller Wertschöpfung erklärt wurde, ließen sich »die Arbeiter« zu Weltenschöpfern *par excellence* verklären. Der Marxismus wollte aus dem Proletariat geradezu eine prometheische Klasse machen. Vergessen wurde dabei in der Regel das wesentliche Merkmal des neuen kohlebasierten metabolischen Regimes: daß das Proletariat – aufgefaßt als menschliche Verkörperung von »Arbeit *sans phrase*« – von Anfang an und fortwährend nur als Juniorpartner der maschinentreibenden pyrotechnischen Energien aus dem Altertum der Erde fungieren konnte. Zwar sind die Verse: »Alle Räder stehen still/ wenn Dein starker Arm es will« aus Georg Herweghs Arbeiterlied von 1863 für die Ära des Industrieproletariats weitgehend gültig, doch der blockierenden Kraft des Arbeiterarms steht keine Kraft gegenüber, die Räder drehen zu machen. Diese kann nur aus den Brennkammern der Maschinen kommen. Als Disruptionsmacht erwies sich der Streik, zumal im Generalstreik, nicht selten als wirksam, als kreative Größe blieb er unvermeidlich steril.

Die Ware Arbeitskraft konnte als solche in Reinform zur Erscheinung gebracht werden, weil gleichzeitig die Ware Energie als solche in das System der Herstellung von güterherstellenden Maschinen eingeflossen war. Daß die Preise beider Waren miteinander korreliert waren, lag in der Natur ihres Zusammenhangs, der die menschliche Arbeitskraft und die Kraft aus Bränden aufeinander bezog.

Die Außergewöhnlichkeit der Ware Energie in Form von Kohle wurde naturgemäß früh bemerkt. Die Kohle war anfangs als billigere »alternative Energie« in die britischen Haushalte und Manufakturen eingedrungen, nachdem sich der Energieträger Holz infolge des Booms im Schiffbau und aufgrund des raschen Wachstums der Stadt London nach 1600 verteuert hatte. Ein Jahrhundert später war die Kohle zum primären Agens einer unersättlichen metallurgisch geprägten Industrie aufgestiegen, welcher England seine weltbeherrschende Stellung verdankte. Im Jahr 1865 – zwei Jahre vor dem Erscheinen des ersten Bands von *Das Kapital* – wurde das neue energetische Regime durch den britischen Ökonomen William Stanley Jevons in seinem Buch *The Coal Question* auf den Begriff gebracht:

> »[D]ie Kohle [beherrscht] unsere Zeit – das Zeitalter der Kohle. In Wahrheit ist die Kohle kein Gut unter anderen, sie überragt sie alle an Bedeutung. Sie ist die materielle Energie unseres Landes, das universelle Hilfsmittel, der Schlüsselfaktor für alles, was wir tun. Mit der Kohle wird fast alles möglich und leicht; ohne sie würden wir in längst vergangene Zeiten der Armut und Mühsal zurückkehren.«[5]

Jevons durfte noch wie selbstverständlich voraussetzen, daß die Ware Energie (aus Steinkohle) in der Allianz mit fortschreitender Maschinentechnik immer billiger sein werde als die Ware Arbeitskraft, weswegen der »Stoffwechsel« des Menschen mit der Natur sich unaufhörlich zur

5 Zitiert nach Pierre Charbonnier, Überfluss und Freiheit. Eine ökologische Geschichte der politischen Ideen, Frankfurt am Main 2022, S. 138.

Maschinenseite hin verschieben werde – ein Sachverhalt, den Marx als die »wachsende organische Zusammensetzung des Kapitals« beschrieb. Zugleich war dem Autor die Endlichkeit der Ressource Kohle bewußt, ja, er sah den notwendigen Abstieg Englands von seiner weltpolitischen Vorrangstellung voraus, der sich binnen eines Jahrhunderts vollziehen werde (ähnlich wie Max Weber den Moment beschwor, in dem, am Ende aller kapitalistischen Tage, der »letzte Zentner fossilen Brennstoffs verglüht« sei[6]). Von der Enormität der Energiezuflusses durch Kohle machte sich Jevon bereits um 1865 eine deutliche Vorstellung: Wollte man ihren Effekt mit Holz aus heutigem Wuchs erzeugen, müßte ein Wald von der Größe der zweieinhalbfachen Fläche des Vereinten Königreichs gefällt und verbrannt werden.[7] Eben darum jedoch, wegen der sich abzeichnenden Erschöpfung der Lagerstätten, könne der Moment nicht allzu fern sein, in welchem England seine Kultur des Überflusses nur noch um den Preis wachsender Abhängigkeit von teuren externen Lieferungen werde behaupten können. Durch ihren übergroßen Erfolg habe sich die Weltmacht in eine Falle manövriert, in der sie ihrem unvermeidlichen Abstieg entgegensah. Noch dachte fast niemand daran, daß aus den von den Briten entzündeten Großfeuern noch andere Effekte als die Erschöpfung der Ressourcen folgen würden – vor allem die Permanenz der überschüssigen CO_2-Partikel in der Erdlufthülle, deren anfangs unmerkliche Akkumulation sich später zu einem eklatanten Phänomen namens »Klimawandel« verdichten mußte. Daß anfangs als vernachlässig-

6 Max Weber, Die protestantische Ethik und der Geist des Kapitalismus, vollständige Ausgabe, herausgegeben von Dirk Kaesler, München 2010 [1904/05], S. 201.

7 Vgl. Charbonnier, Überfluss und Freiheit, a. a. O., S. 142.

bare Größen aufgefaßte Nebenwirkungen durch Skaleneffekte in den Rang von Hauptwirkungen aufsteigen können: dies verdeutlicht den Geltungsbereich des »zivilisationsdynamischen Hauptsatzes«, wonach im Weltprozeß ständig mehr Effekte freigesetzt werden, als unter Formen überlieferungsfähiger Zivilisierung gebunden werden können.[8]

Die explodierende Produktivität des kohlegetriebenen Industriesystems erwies sich nicht nur als das Resultat proletarischer Kraftaufwendungen unter der Regie von Kapitalen, sondern mehr noch als progressive Summierung der Effekte von pyrotechnischer Ingenieurskunst. Traten die kapitalistischen Unternehmer als Patrone für ihre Arbeiter auf den Plan, so brachten sich die Ingenieure als Arbeitsbeschaffer für Maschinen, sprich von Apparaten zur Überlistung der Natur, ins Spiel.[9] Der Name James Watts ist bis heute als ein Emblem für Ingenieurstätigkeit mit kulturrevolutionären Folgen in Erinnerung geblieben. Als Konstrukteure mechanischer Arbeitsapparate zeigten die technischen Erfinder den metallischen Leistungsträgern, was sie – unter der Prämisse der leichten Verfügbarkeit von extern herangeführter Energie – für eine Mitwelt von kaufkräftigen Bürgern zu leisten vermochten, des öfteren reparaturbedürftig, doch ohne die Ermüdbarkeit muskulärer Arbeit. Als die effizienten britischen Dampfmaschinen kurz vor 1800 aufs europäische Festland gelangten,

8 Peter Sloterdijk, Die schrecklichen Kinder der Neuzeit. Über das anti-genealogische Experiment der Moderne, Berlin 2014, S. 85 sowie S. 87-90.

9 Der Überschuß an verrückten Erfindern und Projektemachern, der seit dem 16. Jahrhundert hervortritt, spricht für die Freisetzung einer Gruppe von Individuen, die außerhalb der Sphäre unmittelbarer Nützlichkeit schwebten, ohne von den traditionellen Privilegien des Adels und des Klerus zu profitieren.

zumeist noch unter Wahrung ihrer technischen Geheimnisse, wurden sie von den Zeitgenossen als »Feuermaschinen« bestaunt.[10]

Mit ihrem Betrieb trat eine neue Formel für den gesamten Stoffwechsel des Menschen mit der Natur in Kraft: Befehlsgewalt plus Arbeitskraft plus Kraftmaschinensystem plus fossile Energieträger plus Abfälle bzw. Emissionen. In der neuen Formel waren beispiellose Dynamiken der Naturmißachtung neu mitanzusetzen – sowohl nach der Seite des extraktiven Gebrauchs von »Rohstoffen« wie nach jener der sorglosen Externalisierung der Nebenfolgen. Beim zweiten Glied der neuen Formel blieb zu berücksichtigen, daß sich unter dem Ausdruck »Arbeitskraft« über einen Zeitraum von mehr als 350 Jahren zwei verschiedene Größen manifestierten – zum einen die der Arbeiterschaft im neuzeitlichen Sinn des Wortes, die den Lohnarbeitern, nicht zuletzt den höher qualifizierten Facharbeitern eigen war, zum anderen – als quasi neo-antikes Phänomen – die Kraft der Plantagensklaven, die tatsächlich wie zur Zeit der ersten Staaten gejagt, gefangen, verschleppt, verkauft und zu mehr oder weniger schweren

10 Zwei Anmerkungen sind hier am Platz: zuerst, daß ein Gutteil der im sozialen Bewußtsein des 19. und 20. Jahrhunderts widerhallenden Modernisierungstragödien aus dem direkten Wettbewerb zwischen Maschinenarbeit und Muskeltätigkeit folgte – man erinnert sich an die bitteren Konflikte in der Textilwirtschaft, als die Überflutung der Märkte mit Produkten der Maschinenwebstühle die Handweberei in Weltgegenden von Indien bis Schlesien verdrängte.
Zum anderen: daß die Versuche marxistischer Theoretiker, die Beiträge der modernen Ingenieursintelligenz zu den Produktionsprozessen der Industriegesellschaft unter dem Titel »geistige Arbeit« der proletarischen Sphäre anzugliedern, aus prinzipiellen Gründen zum Scheitern verurteilt waren. Die erfinderische Tätigkeit, wie die künstlerische, läßt sich ihrer Eigenart gemäß nicht in den Bereich der »Arbeit überhaupt« einschließen.

Arbeiten und Diensten gezwungen wurden.[11] In bezug auf sie gewinnt der Terminus »Ware Arbeitskraft« eine unerwartet zynische buchstäbliche Bedeutung: Er wird unmittelbar gleichbedeutend mit »Ware Mensch«. Als moderner Sklave erweist sich der durch und durch instrumentalisierte Mensch als eine Erscheinungsform von »Energie überhaupt«, ja er wird in seinem modernen, britischen und neuengländischen, auch belgischen und sonstigen kolonialistischen Gebrauch zu der (relativ schwachen, ermüdbaren, nahrungsabhängigen, jedoch relativ hitzeresistenten, daher karibiktauglichen) »Kraftmaschine *sans phrase*«.

Wenn die moderne Gesellschaftsform im ganzen durch die befreienden Wirkungen schier unermeßlicher pyrotechnischer Überschüsse ermöglicht wurde, hat obendrein die massenhafte Freisetzung forschender, erfinderischer und spielerischer Intelligenz eine zweite Kraftquelle von höchster zivilisatorischer Wirksamkeit erschlossen – man könnte sie, mit etwas freier Metaphorik, die kühlen Feuer der Effizienz nennen. Sie gedieh vor allem in dem innovationsfreundlichen Klima der *republic of letters*, die seit dem 17. Jahrhundert Europas Gelehrtenwelt in einen stimulierenden Gesprächszusammenhang brachte. Mit dem Begriff Technologie beschreibt man rückblickend die Summe der Mechanismen, die – im Sinne des griechischen Worts *mechané*: List, Finte, kluge Wendung – die Ausnutzung natürlicher Abläufe zugunsten der Erleichterung menschlicher Krafteinsätze ermöglichen. Nur mit halbem Recht durfte Proudhon behaupten: »Die Maschine ist das

11 Egon Flaig, Weltgeschichte der Sklaverei, München 2018 [2009], S. 152-198; vgl. auch Michael Zeuske, Sklaverei. Eine Menschheitsgeschichte von der Steinzeit bis heute, Stuttgart 2018.

Symbol der menschlichen Freiheit.«[12] Sie war nicht ihr Symbol, sie war ihr Agens. Die kohlegenerierte Energie bildete das Agens des Agens, indes der Arbeiter zunehmend zur Begleitursache der allgemeinen intelligenz- und energiegetriebenen Bereicherung wurde.

Zur Definition der Moderne gehört folglich die Beobachtung, daß neben der massiven Gewinnung von »Kraft überhaupt« durch neue Feuerquellen die intelligente Manipulation kraftbewegter Körper eine zunehmend größere Rolle spielt. Was man gemeinhin die moderne »Technik« nennt, bezeichnet einen Inbegriff von Verfahren, die »Naturstoffe« zu neuen Effekten zu überlisten. Das Massive tritt mit dem Subtilen in Beziehungen, die sich durch den Ausdruck »Arbeit« nur noch approximativ beschreiben lassen. Ein Gutteil dieser Manipulationen fließt in die seit dem 13. Jahrhundert aufkommende, im 19. Jahrhundert industriell aufblühende Disziplin der »Chemie« ein, die sich mit den Umwandlungen von Stoffen durch die Berührung mit »Reagentien« befaßt; dabei wird offenkundig, daß die »Natur« selbst ein Spielfeld unabsehbar vielfältiger mikroenergetischer Phänomene darstellt, die sich nicht leicht als »Arbeit« mißverstehen lassen. Justus von Liebigs seit 1840 empfohlene Mineraldüngung, mit welcher das Zeitalter der Agrikulturchemie begann, machte deutlich, wie gezielte Eingriffe in den Pflanzenstoffwechsel auch die Landwirtschaft umzuwälzen imstande waren – mit dramatischen Folgen auf demographischer Ebene. Das Haber-Bosch-Verfahren zur Ammoniaksynthese in großtechnischem Stil, zwischen 1904 und 1908 entwikkelt, lieferte einen weiteren Vorstoß bei der agrikulturellen Industrialisierung. Auch in der Sphäre der Mechanik wurden mit der beginnenden Neuzeit Gestalt- und Rich-

12 Zit. n. Charbonnier, Überfluss und Freiheit, a. a. O., S. 171.

tungsänderungen von Kräften zunehmend kunstvoll elaboriert. Wenn aber Girolamo Cardano (1501-1576) einen Getriebemechanismus erfindet, der die Bewegung einer rotierenden Stange mit beschleunigter oder verlangsamter Drehwirkung auf seitliche Räder überträgt, wird er dadurch ebenso wenig zu einem Agenten »geistiger Arbeit«, wie Roger Federer zum Angehörigen eines geistigen Proletariats wurde, als er mit ingeniösen Rückhandschlägen seine Gegner auf dem Turnierplatz vor kaum lösbare Aufgaben stellte.

Mit dem Eintritt in die Industrieepoche wurde die kulturelle Erinnerung an Prometheus, den feuerbringenden Titanen der griechischen Mythologie, auf eine Weise reaktualisiert, die dem christlich codierten Begriff »Renaissance« einen neuzeitlich veränderten Sinn verlieh.[13] Nicht ohne Grund hat man die Moderne im ganzen als eine Ära der Entgötterung charakterisieren können, geprägt von der Rückkehr der Titanen, will sagen der riesenhaften Kraftquanten von untergöttlicher Gewalt, die der griechischen Mythologie vertraut waren. Vom jungen Goethe bis zu Trotzki (über dessen zur Hälfte nietzscheanisch angeregtes Dilettieren in Sachen Eugenik man das Urteil bis auf weiteres besser zurückhält[14]) ist Prometheus immer wieder als Schutzherr menschlicher Selbsterschaffungspläne mit programmatischer Tendenz vergegenwärtigt worden.

13 Vgl. Konrad Burdach, Reformation, Renaissance, Humanismus. Zwei Abhandlungen über die Grundlagen moderner Bildung und Sprachkunst, Berlin 1918.

14 Er dozierte in seiner im Original 1923 erschienenen Schrift *Literatur und Revolution*, durch die Synergie von sozialistischer Pädagogik und linker Eugenik könne ein Menschentypus erzeugt werden, in welchem Begabungen wie die von Aristoteles, Marx oder Goethe den Durchschnitt bildeten, indes sich darüber neue Gipfel erhöben.

Im Mythos büßte der Titan seine menschenfreundliche Tat durch die von Zeus, dem Götterherrn, verfügte Anschmiedung an einen Felsen des Kaukasus, wo ihm ein Geier täglich zusätzliche Qualen zufügte. Der Titan sah jedoch den Tag seiner Befreiung voraus, wenn nämlich irgendwann die Herrschaft des Zeus zu Ende gehen würde.

Aus moderner Sicht ließe das Ende der Zeus-Ära sich mit dem Ausgang des Weltalters der Knappheiten in Verbindung bringen. Steigt der Titan Prometheus von seinem Kreuzigungsfelsen herab, muß er den veränderten Zustand der Welt mit höchster Verwunderung betrachten. Er findet eine Menschheit vor, die jener kaum noch gleicht, der er durch sein Feuergeschenk zu Hilfe kommen wollte. Die karge alte Erde ist inzwischen von zahllosen Feuern überzogen, die in Abermillionen Öfen brennen. Aus Kanonenrohren donnern seltsame schädliche neue Feuer.[15] Explosionen unbekanntester Art hallen in den Gebirgen wider. Um 1888 proklamiert ein noch wenig bekannter Philosoph: »Ich bin kein Mensch, ich bin Dynamit.«[16] Er erinnerte daran, daß neben dem Feuer erster Ordnung ein neues Feuer, das der Sprengstoffe, in die Welt gesetzt worden war. Mit ihm versetzte man die Berge nicht, man durchbohrte sie. Die Aussage: »Ich bin Dynamit« bedeutete im Horizont des späten 19. Jahrhunderts den Helvetismus *par excellence*. Wer den Plan faßte, ein Bergmassiv wie den Gotthard zu untertunneln, eröffnete den Men-

15 Alfred W. Crosby, Throwing Fire: Projectile Technology Through History, Cambridge/New York 2002.

16 Friedrich Nietzsche, Ecce homo, Kritische Studienausgabe (KSA), Band 6, S. 365. Es ist nicht ausgeschlossen, daß Nietzsches Wendung durch den Schweizer Literaturkritiker Joseph Viktor Widmann angeregt ist, der in seiner Besprechung von *Jenseits von Gut und Böse* (1886) in der Zeitschrift *Bund* dieses Buch als »Dynamit« bezeichnet hatte.

schen des Nordens einen erleichterten Zugang zu mediterranen Sphären. Nietzsche, der intellektuelle *dinamitario*, wies den Menschen der Zukunft den Weg in einen allgemeinen Süden: Dort sollte die Einheit von Entspannung und Steigerung zur nächsten Stufe des Menschseins möglich werden. Die Pyrotechnik assimilierte sich der Anthropotechnik. Brennen und Sprengen sollten einem Projekt erweiterten menschlichen Daseins zugute kommen.

Es war der deutsch-österreichische Philosoph Günther Anders (1902-1992), der den Vorschlag machte zu erwägen, ob nicht für den alten Titanen Prometheus eine zweite Phase seiner Befindlichkeit nach der Überbringung des Feuers zu den Menschen begonnen habe: Prometheus muß mit einem Mal erkennen, daß er Grund hat, beschämt zu sein. Mit der fortgeschrittenen Moderne setzt ein, was Anders die Ära der »prometheischen Scham« nennt. Der philanthropische Titan hat das, was die Menschen aus dem Feuergeschenk machten, so nicht gewollt. Er hatte nicht vorhergesehen, daß aus dem Feuer, das er im hohlen Stängel eines Riesenfenchels vom Sonnenwagen zur Erde gebracht hatte, ein weltverzehrender Riesenbrand in einer Unzahl von Herden werden sollte. Kein Titan, kein olympischer Gott hätte ahnen können, daß es den Menschen bei ihrem Ausbruch aus der Hilfsbedürftigkeit gelingen würde, die Welt durch gehegte Waldbrände aus urgeschichtlichen Tiefen zu revolutionieren. Prometheus selbst, so stolz er sich dem gottväterlichen Diktat des Maßes einst widersetzte, konnte nicht wissen – obschon er der »Vorauswissende« hieß –, bis wohin die pyromanischen (und von diesen abhängig: die metallurgischen und chemikalischen) Entfesselungen des von ihm favorisierten Menschengeschlechts gehen würden.

Günther Anders ist der Denker, der eines der kritischen Grundworte der späteren Moderne ausgesprochen hat:

Prometheus schämt sich. Mit gutem Grund. Die Feuergabe hat sich als ein fatales Geschenk erwiesen, das selbstläufig sich ins Unabsehbare steigert. Der Geber kann sich nicht mehr verstanden fühlen, im Gegenteil, er sieht sich bloßgestellt durch das, was die Empfänger aus seiner Gabe gemacht haben. Auch ein Titan muß lernen, daß das Schenken gelernt sein will. Naives Geben mündet in Reue, sobald die Gabe sich unter der Hand des Empfängers ins Maßlose aufbläht. Die Undankbarkeit der Beschenkten macht sich als Weltmacht eigener Art geltend. Was als Mittel gegen Hilflosigkeit intendiert war, wächst sich zu einer Kraft des Üblen aus, die in keinem Verhältnis steht zu den anfänglichen Nachteilen, denen abzuhelfen war. Die pyrotechnisch ermächtigten Menschen werfen unendlich größere Mengen an Brennstoffen ins Feuer, als anfangs als »hyletische« Masse in Betracht kam. Über ihren gesammelten offenen Feuerstellen, ihren Motoren, ihren Hochöfen, ihren Bohrlöchern, ihren Kraftwerken, ihren Kaminen, ihren Schlachtfeldern, ihren brennenden Unfallstellen sammeln sich Rauchwolken, die alles andere als Gutes bedeuten. Die Wolken verdichten sich so sehr, daß sie den Bestand der Welt, wie Götter und Menschen sie bisher kannten, im ganzen in Frage stellen.

D
Moderne Welt
Die Ausbeutungsverschiebung

Um den hier in vagen Umrissenen beschriebenen Vorgang in seinen ersten theoretischen Reflexen zu vergegenwärtigen, liegt es nahe, zu den Schriften der Autoren zurückzukehren, die man infolge einer von der marxschen Schule geprägten Sprachregelung etwas herablassend die »Frühsozialisten« oder die »utopischen Sozialisten« nennt. Es war namentlich die Schule der Saint-Simonisten – sie berief sich auf ihren Gründer Henri de Saint-Simon (1760-1825) –, die für die soziale Ordnung der Zukunft eine Vorherrschaft der »industriellen Klasse« proklamiert hatte. Das Wort »industriell« sollte bei Saint-Simon den sachlich gegebenen kooperativen Zusammenhang der »Fleißklassen« in einem nationalen Verbund bezeichnen (*industria* bedeutet im Lateinischen so viel wie Eifer, Anstrengung, Bemühung, Fleiß). Nach Saint-Simons Auffassung wären in der industriellen »Klasse« die Arbeiter im weiteren Sinn des Worts, die Unternehmer, die Handeltreibenden, die Handwerker, die Erfinder und die Wissenschaftler, mithin die Werte- und Güterschaffenden in ihrer Gesamtheit, dazu berufen, dem Wohlstand aller zuliebe gemeinsam und synergetisch am Strang des Fortschritts zu ziehen, nicht zuletzt, um auch die noch sehr zahlreichen Armen von den neuen Reichtümern profitieren zu lassen. Saint-Simon machte aus dem religioiden Charakter seiner Ideen kein Geheimnis – die sektenhafte Organisation seiner Anhänger legte den Religionsanspruch ihrer Verkündigung unverhohlen offen. Von diesem Amalgam aus früher Soziologie und Produktionskatechismus ließ sich wenig später Auguste Comte zu seiner Proklamation einer gottfreien »Religion der Menschheit« inspirieren.

Den »Industriellen« stehen die Gruppen der »Müßigen« oder Parasitären gegenüber, die den Anspruch erheben, erhalten zu werden, ohne durch eigene Arbeit oder wertschöpfendes Tun die Mittel ihrer Subsistenz zu erwerben. Saint-Simon war im Fortgang seiner Untersuchungen von der Tatsache beeindruckt, daß in der französischen Gesellschaft seiner Zeit ein nennenswerter Teil ihrer Mitglieder von circa 24 Millionen Köpfen, über die quantitativ unbedeutenden Gruppen von Klerus und Adel hinaus, die zusammen kaum 350000 Personen, sprich 1,5 Prozent der Bevölkerung ausmachten, aus »nicht-produktiven« Teilnehmern bestand – sie hießen bei ihm die *oisifs*, die Unbeschäftigten, ja geradewegs die Müßigen. Aus der nicht begründungsbedürftigen Mißbilligung des nichtfleißigen Lebens entsprang Saint-Simons Appell an die Kooperation der produktiven Elemente vom kleinsten Lohnarbeiter über alle Gewerbetreibenden und Wissenschaftler bis zum goldstückezählenden Schlotbaron. In seinen Augen bildeten sie das, was nun den Namen »Industriegesellschaft« zu tragen verdiente. In ihrem Zentrum sollte der Unternehmer-Ingenieur als ihr Genius, ihr Dirigent und *spiritus rector* hervorragen.

Der Hinweis Saint-Simons auf die Unproduktiven und vorgeblich Unfleißigen verriet schon früh eine soziologische Tücke. Denn wenn es auch nahelag, den Ausdruck *oisifs* zunächst auf den Ersten und den Zweiten Stand des *Ancien régime* zu beziehen, die beide in Saint-Simons Tagen ihre Rückkehr feierten (der Erste nach dem Konkordat der von Napoleon als Erstem Konsul geführten französischen Nation mit der katholischen Kirche von 1801, der Zweite infolge der bourbonischen Restauration von 1814 bis 1830), so enthielt doch der Hinweis auf die Existenz einer nichtindustriellen oder »müßigen« Gruppe den subversiven Gedanken, daß es sich hierbei um nicht weniger als die numerische Hälfte der gesamten Population handelte. Sie setzte sich schon im frühen 19. Jahrhundert so vielfältig zusammen, daß selbst der größte Romancier nicht mehr imstande gewesen wäre, die Szenen der »menschlichen Komödie«, die oft eher eine Summe von Tragödien war, vollständig auszuleuchten.

Das große Welttheater des scheinbar müßigen »Sozialen« setzte sich fürs erste aus den auf Häuslichkeiten reduzierten Ehefrauen aller nicht-adligen Schichten zusammen (während aus der Oberschicht erste Stimmen einer weiblichen Emanzipation auftauchten, die sich mit denen der frühen Feministen vermischten), sodann aus den traditionell zahlreichen (oft frühsterblichen) Kindern und Jugendlichen aller Schichten (weswegen der Bevölkerungsaltersaufbau an der Wende zum 19. Jahrhundert noch der klassischen Pyramide glich) und einer bereits nicht zu vernachlässigenden Zahl von Alten (obschon die später so genannte »Lebenserwartung« in Westeuropa statistisch erst Werte kaum über dreißig Jahre erreichte). Es bestand ferner aus Witwen, alten Fräulein und mißratenen Söhnen,[1] aus Erbschleichern und bequemen Rentnern, aus verarmten Spekulanten, aus Soldaten, ob unter der Fahne, ausgemustert oder desertiert, aus Arbeitslosen und Arbeitsscheuen, aus chronisch Kranken zu Hause und in Hospitälern, aus Bettlern, Vagabunden, Taschendieben und Kleinkriminellen, aus den Insassen der Gefängnisse, Armenhäuser und Orphelinate, aus Studenten, verkannten Künstlern, illegalen Flüchtlingen und erfolglosen Literaten, aus Gauklern,

1 Einen Einblick in das Pandämonium mißglückender Eltern-Kind-Beziehungen vermittelt Peter von Matts Studie: Verkommene Söhne, mißratene Töchter. Familiendesaster in der Literatur, München 1995.

Straßensängern und Wirtshausgeigern, aus Konkubinen, Huren, Grisetten, aus Schauspielern mit und ohne Truppe, Provokateuren, Conciergen, Messerschleifern, Frisören, Losverkäufern, Schaustellern, Säufern, Clochards, entlaufenen Mönchen und allen anderen »infamen Menschen«,[2] die sich am Boden des sozialen Bottichs sammelten. Eine Teilmenge des großen Aggregats war gemeint, wenn Engels, in Abstimmung mit Marx, das »Lumpenproletariat« als den »Abhub der verkommenen Subjekte aller Klassen« beschrieb[3] – aufgrund der richtigen Einschätzung, daß solche Figuren eventuell zu Krawallen taugten, doch nicht zu Revolutionen. Die Autoren des *Kommunistischen Manifests* mußten mit der Verlegenheit zurechtkommen, daß diese Elemente bei sozialen Unruhen unliebsam in die vordere Sichtlinie gerieten – wie 1789 und 1792 (bei den Septembermassakern), dann wieder 1830 und wann immer der Sog der Straße spürbar wurde.

Doch schon Hegels Begriff von einem »Pöbel«,[4] der nicht von eigener Arbeit lebe, doch in empörerischer Gesinnung ein Recht auf Erhaltenwerden durch andere fordere, war außerstande gewesen, dem Problem der unproduktiven Hälfte weder seiner numerischen noch seiner systemischen Bedeutung nach gerecht zu werden. Ob aber Hegel von »Pöbel« spricht oder ob Marx und Engels in der Sprache des postulierten Klassenkampfs das »Lumpenproletariat« als den wertlosen »Abhub« des authentischen Proletariats beiseite räumen[5] – es gehen beide, wenn auch

2 Michel Foucault, Das Leben der infamen Menschen, Berlin 2001 [1977].

3 Friedrich Engels, Vorbemerkung zu »Der deutsche Bauernkrieg« (1874), MEW 7, S. 531-542, S. 536.

4 Georg Wilhelm Friedrich Hegel, Grundlinien der Philosophie des Rechts (1821), Werke, Band 7, Berlin: 2017, S. 390.

5 Frantz Fanon hingegen wollte in seinem postkolonialistischen Mani-

aus verschiedenen Gründen, an der in der Alltäglichkeit verborgenen Differenz zwischen den Unproduktiven und den Produktiven in den Populationen moderner Nationalstaaten vorbei; auch der Versuch, die ersten als *vulgus*, den wüsten Haufen, die zweiten als *populus*, sprich als verfaßtes Volk, im Innern der Gemeinwesen voneinander abzusetzen, wird der von Hegelianern wie von Marxisten nie angemessen bedachten realen Unterscheidung nicht gerecht. Ob als *populus*, als *vulgus*, als *plebs*, als »Dritter Stand«, als »vierter Stand«, als »Arbeiterklasse« oder schlicht als das Aggregat der »einfachen Leute« – es sind zu keiner Zeit die gleichen sozialen Mengen, die man mit dem halbmythischen Namen »Volk« belegen wollte, um an die neue, will sagen: postmonarchische Quelle von Souveränität zu appellieren.

Im übrigen hält Marx mit seiner verhohlen erbaulichen Rede vom Proletariat an der Leitfiktion einer vollbeschäftigten Gesellschaft mit Zügen einer verallgemeinerten kleinbürgerlichen »Werktätigkeit« fest. In Wahrheit wäre keine moderne Gesellschaft lebensfähig ohne die Beiträge der unsichtbar Mitwirkenden, die sich und die Ihren im Modus der permanenten Improvisation über Wasser halten. Tatsächlich verbergen sich unter begrifflich hilflosen Ausdrücken wie »Müßiggängertum«, »unproduktive Existenz« oder »Lumpenproletariat« Pandämonien inoffiziel-

fest *Die Verdammten dieser Erde* (1961) gerade auch das »Lumpenproletariat« aus algerischen Arbeitslosen und Slumbewohnern für den Kampf gegen die Kolonialherren rekrutieren. Warum Fanons Überlegungen trotz ihrer breiten Rezeption zum Scheitern der äußeren wie der inneren Entkolonialisierung beitragen mußten, verrät seine These, die der rohen revoltischen Gewalt auf Kosten einer neuen humanen postkolonialen Bildungsidee das Wort redet: »Das Leben kann für den Kolonisierten nur aus der verwesenden Leiche des Kolonialherrn entstehen.«

ler, unbeachteter und unbezahlter Tätigkeiten, die dem Gesellschaftskörper wie präbiotische Bakterien einwohnen. Die ungeeigneten Begriffe weisen freilich auch auf den organisierten Parasitismus hin, der jeder komplexen Gesellschaft anhaftet – am unteren Pol in Form von zahlenmäßig bedeutenden Schichten, die in verhärteter Ferne von jedem Erwerbsleben existieren, am oberen Pol durch das Treiben der Genießer von leistungslosen Höchsteinkommen.

An der gärenden Menge der Unproduktiven – falls man provisorisch an dem problematischen Ausdruck festhalten will – wirkten auch jene mit, die Voltaire das »schreibende, intrigierende, konvulsivische Hundepack« der Hauptstadt genannt hatte – *la canaille écrivante, la canaille cabalante, la canaille convulsionnaire*.[6] Im Gewimmel der schreibenden Unruhestifter machten sich einige deutschsprachige Autoren, vornehmlich abtrünnige Schüler Hegels, lauter und rhetorisch erfolgreicher als andere bemerkbar. Man hätte glauben können, sie fühlten sich vom kalten Feuer der weltgeschichtlichen Abstraktion zum Amt der Volkstribunen, ja zur Lenkung der künftigen Menschheitsgeschichte berufen. Unter ihren Federn gewann das Drehbuch für den Bürgerkrieg der Zukunft bestimmtere Umrisse: Ihm zufolge sollte eine prometheische Klasse aus zu Selbst- und Machtbewußtsein erweckten und nicht wieder eingelullten Lohnarbeitern zur Expropriation der Expropriateure, mithin der »Industriellen« im seither üblichen verengten Sinn, antreten. Sie sollten ihre bisherigen »Ausbeuter«, die entlarvten Mehrwertdiebe, die Vampire, die unbelohnte Lebenszeit absaugen, in die Flucht schlagen – warum nicht eines Tages bis in die Höllen von Koly-

6 Voltaire, Candide ou l'Optimisme, Genf 1759, Kapitel 21 (eigene Übersetzung).

ma oder der chinesischen »Reform durch Arbeit«-Lager (*laogai*)? Dort freilich endeten in der Mehrheit nicht die Kapital- und Großgrundbesitzer von einst, sondern nicht selten kleine Leute, denen an den Drehbüchern des theoriegenerierten Krieges einige Unstimmigkeiten aufgefallen waren, um von all denen nicht zu sprechen, die die Macht der Denunziation durch den Genossen Mitmensch unterschätzt hatten.

Kurzum: In der Gesellschaft der Zukunft, wie die Frühsozialisten sie entworfen hatten, sollte das Augenmerk der Regierungen wie der streitenden Öffentlichkeit auf die Förderung der produktiven, soliden, arbeitsamen Teile der Bevölkerung gelegt werden. Mit einiger Hellsicht hatte Saint-Simon vorausgesehen, daß die antithetischen Liaisonen des Unternehmertums und der technischen Wissenschaften mit der produktiven Arbeiterschaft für die längerfristige soziale Entwicklung im ganzen um ein vielfaches bedeutsamer würden als die episodische, von radikalen Ideologen zum unvermeidlichen Krieg stilisierte Verschärfung des Konflikts zwischen den »Klassen«. Auch entzog die unaufhaltsame Zunahme der Dienstleistungen im Ökosystem entfalteter Industriegesellschaften der Heroisierung des industriellen Proletariats mehr und mehr den Boden. Zugleich erzeugte die rapide Senkung der Geburtenraten die Voraussetzungen, unter denen die kaum in Form gebrachten Klassenkämpfe durch Geschlechterkämpfe von ambivalenter Tendenz überlagert werden konnten.

Der Gang der Ideengeschichte folgte vom mittleren 19. Jahrhundert an einem anderen Pfad. Der drängende Gegensatz innerhalb der »industriellen« Hälfte der Gesellschaft wurde durch das *Kommunistische Manifest* vom Februar 1848, das sich von den frühsozialistischen Intuitionen unter dem Vorwand einer inzwischen erlangten

»Wissenschaftlichkeit« abkehrte, zur todfeindschaftlichen Opposition von »Arbeit« und »Kapital« stilisiert – zu jenem vorgeblichen »Hauptwiderspruch«, der die »Klassen«-Gesellschaften industriellen Typs endogen zerklüfte und dank einer epochalen Vereinfachung der Front auf ein letztes Gefecht zutreibe. Die Gewaltausbrüche bei der Pariser Junirevolte von 1848, als rebellierende Arbeiter nach der Schließung der Nationalen Werkstätten (einer frühen Form von staatlichen Arbeitsbeschaffungsmaßnahmen) seitens der Regierungstruppen tödlichen Repressionen begegneten, schienen Marx und Engels fürs erste recht zu geben.

Die dogmatische Umdeutung der antagonistischen Kooperation von Arbeit und Kapital zum unvermeidlichen Klassenkrieg innerhalb der »industriellen« Sphäre erwies sich als eine schicksalsträchtige Regieanweisung für die radikalen politischen Bewegungen in der zweiten Hälfte des 19. und mehr noch in der ersten Hälfte des 20. Jahrhunderts. Als Hauptirrtum moderner Sozialphilosophie *made in Germany* wurde die Klassenkriegsdoktrin in alle Welt exportiert, nicht selten mit bestürzenden Erfolgen. Durch subversive Kanäle gelangte sie nach Rußland und China, wo sie half, mittels eiserner Entwicklungsdiktaturen, von verlustreichen Bürgerkriegen vorbereitet (in Rußland zwischen Weißen und Roten, in China zwischen Kuomintang und Kommunisten), eine anfangs kaum vorhandene industrielle Proletarierklasse gemeinsam mit zahllosen bäuerlichen Fronarbeitern in Konglomerate einer gleichsam neopharaonischen Staatssklaverei umzuwandeln. Auch in Kuba, Nordkorea und Kambodscha wurde der deutsche Export durch nicht unproblematische Importunternehmen gefördert; der französische Zwischenhandel steuerte fatale Zusätze bei.

Im September des Jahres, in dem Marx und Engels ihr

Manifest herausbrachten, veröffentlichte der französische, von britischen Theorien inspirierte Ökonom und Parlamentarier Frédéric Bastiat (1801-1850) (von dem Polterkopf Proudhon heftig *ad personam* angegriffen), im *Journal des Débats* einen Traktat unter dem Titel »L'État«, in dem er die chronische Überforderung des republikanischen Staats durch tausend Rufe nach seinem Eingreifen in allen denkbaren Hinsichten auf den Begriff brachte:

»›Rottet den Egoismus aus. [...]
Bewässert die Ebenen.
Bewaldet die Berge. [...]
Kolonisiert Algerien.
Stillt die Kinder. [...]
Verleiht Geld ohne Zinsen an jene, die es begehren.
Züchtet und perfektioniert Reitpferde‹«,

schallt es ihm aus hunderttausend Mündern entgegen. Worauf Bastiat den erschöpften Staat selbst antworten lässt:

»›Meine Herren, gönnt mir einen Moment Ruhe, um durchzuatmen! [...]
Wenn ich leisten soll, was Ihr verlangt, will ich es im Rahmen meiner Möglichkeiten gerne tun. Ich habe schon fünf oder sechs neue Steuern vorbereitet, eine wohltätiger als die andere. Ihr werdet selbst sehen, wie freudig man sie bezahlen wird.‹«

Woraufhin sich erneut Tumult erhebt:

»›Statt neue Steuern zu erheben, sollst du viele alte abschaffen!‹«[7]

Aus der allgemeinen Konfusion geht schließlich eine neue Definition des Staates hervor. Sie lautet in satirischer Deutlichkeit:

7 Frédéric Bastiat, L'État/Maudit argent, Paris 1849, S. 6f. (eigene Übersetzung).

> »Der Staat, das ist die große Fiktion, mit deren Hilfe jedermann sich bemüht, auf Kosten aller anderen zu leben.«[8]

Doch hatte nicht schon Hegel darauf hingewiesen, daß beim Fehlen republikanischer Tugenden, namentlich allgemeiner Orientierung am Gemeinwohl und gegenseitiger Hochachtung (deren Reste heute in dem PR-Slogan »Respekt« verschlissen werden), von denen Montesquieu für das Gelingen dieser Staatsform sich alles versprach, die vulgärste Habsucht sich sämtlicher Akteure auf dem politischen Spielfeld bemächtigen werde – ja, dass der tugendverlassene Staat zur bloßen »allgemeinen Beute« geraten müsse?[9]

Am Ende der Debatte wird dem polemischen Bonmot durch Bastiat selbst eine ernstere Formel entgegengesetzt: Der Staat, sagt der Verfasser, als institutionalisierte *force commune*, ist jene Instanz, die sich in Form von Steuern das Nötige nehmen und jedem das Seine garantieren solle, doch niemals den Bürgern als Instrument der Unterdrükkung und der gegenseitigen Plünderung dienen dürfe.[10]

Die Rache Saint-Simons an den Verleugnern seiner Einsicht in die Natur der »industriosen« Gesellschaft ließ eine Weile auf sich warten; sie fiel jedoch gründlich aus. Auf Dauer kamen auch die Vertreter der radikalen Linken nicht umhin einzusehen, daß die Beendigung der »Ausbeutung des Menschen durch den Menschen« (Heinrich Heine lobte diese saint-simonistische Wendung ihrer emanzipatorischen Klarheit wegen) nur durch die Ausbeutung der Erde im Interesse des Menschen zu erreichen sein würde. Diese Formel war es, die die Botschaft des Frühso-

8 Ebd., S. 11.
9 G.W.F. Hegel, Grundlinien der Philosophie des Rechts, § 273.
10 Bastiat, L'État, a. a. O., S. 23.

zialismus gemeinsam mit jener des Liberalismus in die kommenden Generationen trug. Kaum jemand mochte sie in ausdrücklicher Form zitieren, fast alle Beteiligten nahmen an ihrer Realisierung eifrig teil. Niemand war fähig vorherzusehen, welcher Grad des extraktiven Nihilismus eines Tages von ihr beschrieben würde. Der methodische Nihilismus des Industriesystems wurde durch die wohlklingende Phrase von der »Entfaltung der Produktivkräfte« unter einer erbaulichen Maske verborgen.

Von hier aus läßt sich mühelos zeigen, wie die Effekte der pyrotechnischen Revolution des Kohlezeitalters in die Diskurse eindrangen, mit denen sich die Köpfe der Moderne über die neue Weltlage verständigten. Eine moralische Morgenröte schien über Europa aufzuleuchten.[11] Fortschritte zum Besseren begannen mit Abschaffungen alter Mißstände zu wetteifern, Ungeduld wurde zur politischen Tugend. Johann Gottlieb Fichte stellte die Pointe des Aufbruchs am klarsten heraus: Mechanische Arbeit überhaupt solle »aufhören Last zu seyn; – denn das vernünftige Wesen ist nicht zum Lastträger bestimmt«.[12] Alle Arten von Abolitionismus, die sich seit dem 18. Jahrhundert Gehör verschafften, hatten direkt oder indirekt die Aufhebung der muskulären Sklaverei und der agrikulturell bedingten Knappheiten zum Inhalt; sie wollten bis zur Beseitigung der proletarischen Kondition als solcher reichen; auch die Befreiung der Frauen aus ihren traditionell subalternen vaterrechtlich definierten Positionen kam mit grundrechtlichem Elan zur Sprache – unter der kritischen

11 Helge Hesse, Die Welt neu beginnen. Leben in Zeiten des Aufbruchs 1775-1799, Ditzingen 2021.

12 Johann Gottlieb Fichte, Die Bestimmung des Menschen, Berlin 1800, S. 226.

Devise: Eine Ausbeutung kann eine andere verbergen. Wenn man im 19. Jahrhundert die bezahlte Arbeit des Proletariats auch noch gelegentlich als »Lohnsklaverei« bezeichnete, und dies oft nicht ganz ohne Grund, war doch die Ersetzung von Muskelarbeit durch Maschinenleistungen schon am Horizont. In der technischen Kraftmaschine kam das Wesen der Sklavenhaftigkeit als solcher auf ihren Begriff – sie sollte vom arbeitenden Menschen kategorisch ferngehalten werden. Dem von Kant formulierten kategorischen Imperativ war das Versklavungsverbot inhärent: Nie dürfe der Mensch nur als Mittel benutzt, immer müsse er auch als Zweck geachtet werden. Der Einzug elektrischer Haushaltsmaschinen in die Lebenswelt der Hausfrauen machte die emanzipatorische Wirkung des Maschineneinsatzes anstelle von menschlichen Verrichtungen vollends deutlich.

In sämtlichen Abolitionismen – gleich ob sie sich auf die Ausbeutung versklavter »Rassen«, auf Kinderarbeit, auf Armutsprostitution, auf Elendsalkoholismus oder auf die traditionelle Mehrbelastung der Frauen beziehen – artikulierte sich nicht bloß eine zunehmende moralisch-politische Sensibilität.[13] Sie drückten zugleich eine umfassende zivilisationsdynamische Tendenz aus, die sich in dem Begriff *Ausbeutungsverschiebung* resümieren läßt. Er gibt dem allesdurchdringenden energetischen Grundprozeß im Weltalter der Moderne einen konzeptuell adäquaten Namen.[14] Er bringt zum Ausdruck, wie das allmählich

13 Daniel Loick/Vanessa E. Thompson (Hg.), Abolitionismus. Ein Reader, Berlin 2022.

14 Mit diesem Ausdruck wird das Konzept der »Entlastung«, das in Arnold Gehlens Anthropologie eine entscheidende Rolle spielt, dadurch verdeutlicht und korrigiert, daß er den Träger der Entlastungseffekte, die allgemeinen Ressourcen der Ausbeutung: Erde, Bodenschätze und Nutztierwelt namhaft macht.

sich verallgemeinernde Verlangen nach Freiheit oder Autonomie von den zunehmenden Forderungen nach Teilhabe an den Gütern des immer sichtbarer werdenden Überflusses begleitet wird; umgekehrt liefert der aktuelle oder virtuelle Zugang zu Wohlstandsattributen dem Streben nach Selbstbestimmung eine materielle Stütze. Wenn die Sklaverei allgemein enden kann und wenn die Diskriminierung des weiblichen Geschlechts in den wohlhabenden Gesellschaften sich stark vermindert, ja gelegentlich in Begünstigung umkehrt, so geschieht das nicht nur, weil das moralische Klima moderner Gemeinwesen dergleichen nicht mehr duldet; es setzt sich durch, weil die gesellschaftlichen Kräftehaushalte sich in zunehmendem Maß auf nicht-menschliche Kraftquellen stützen und weit verteilbare Reichtümer in Umlauf bringen. Diese gewähren einer großen Mehrheit von einzelnen beider Geschlechter, auch deren Deklinationen und Varianten, die Teilhabe an einem allgemeinen Komfort, der höheren Freiheits-, Entfaltungs- und Entspannungsgraden günstig ist. Daher gleichen moderne Gesellschaften eher Konsumvereinen als Kampfverbänden vom Typus »Volk in Waffen«.

Zu den industriellen Quellen menschlicher Entlastung sind im Lauf des 20. Jahrhunderts aufgrund von expandierender, ja explodierender Massentierhaltung riesige Nutztierpopulationen hinzugekommen, vor allem Geflügel, Schweine und Rinder, die aufgrund erdölbasierter Nahrungsmittelindustrien einen historisch beispiellosen Zufluß an Proteinen in den menschlichen Verzehr ermöglichten. Vor einigen Jahrzehnten hat Jeremy Rifkin in der klassischen Studie *Beyond Beef. The Rise and Fall of Cattle Culture* (1993) dargelegt, wie im »Imperium der Rinder« auch die Angehörigen des britischen Proletariats anfingen, Fleisch zu genießen wie antike und mittelalterliche Herrenschichten. Inzwischen konsumiert halb Europa tierisches Protein nach der impliziten Devise: »Kauft argentinisch!« – einem Imperativ, der an die Zeit erinnert, als das imperiale Diktum: »Englands Rinder weiden am Río de la Plata« zutreffend war. Allerdings kann man »argentinisch« längst durch eine Liste anderer Namen ersetzen. Die fleischproduzierende Industrie hat sich seit der Mitte des 20. Jahrhunderts zu einem globalen Gulag der Tiere entwickelt. Nach jüngsten Schätzungen werden achtzig Milliarden Tiere jährlich geschlachtet, überwiegend Geflügel, zumeist aus Massenzuchtanlagen stammend; es kommen ein bis zwei Billionen Fische hinzu, um der menschlichen Nachfrage nach Proteinen und anderen verwertbaren Substanzen animalischer Herkunft zu genügen. In deren Aufzucht fließen unermeßliche Mengen agrochemisch, mithin auch erdölbasierter pflanzlicher Futterstoffe ein (indessen Speisefische in Aquakulturen oft auch, quasi durch Endophagie, mit Mehlen aus Fischresten aufgezogen werden).

Die im Frühsozialismus auskristallisierte Figur, wonach die »Ausbeutung des Menschen durch den Menschen« durch die Ausbeutung der Erde im Interesse des Menschen abgelöst werden solle, wies den industriosen »Klassen«, den Arbeitern, den Besitzern von Produktionsmitteln und den technischen Innovatoren, eine Pionierrolle bei der Verbesserung der menschlichen Verhältnisse zu – bis hin zur Abschaffung aller Erscheinungen von Mangel und Unterversorgung. Während sich die organisierte Arbeiterschaft in einem anderthalb Jahrhunderte übergreifenden, oft sehr harten Konfliktprozeß gegenüber der Kapitalseite das Ihre an den Gewinnen der kohlebefeuerten industriell-maschinischen Produktionen sicherte,[15] erlaub-

15 Michael Kittner, Arbeitskampf. Geschichte, Recht, Gegenwart, München 2005.

te das moderne Überschußsystem – durch steuerstaatlich gelenkte Umverteilungseffekte – eine massive Übertragung der globalen Erträge auf die unproduktiven oder unbezahlten Hälften moderner Populationen. Die Ausbeutung der Erde im Interesse des Menschen lenkte die Zinsen (englisch: *interests*), also letztlich die Renten der fossilen Brennstoffe, regelmäßig auch in wertschöpfungsferne Bereiche. Komplizierte Übertragungskaskaden verlagerten die Effekte der Ausbeutungsverschiebung bis auf Ebenen, wo sie nahezu unerkennbar werden – mit dem Effekt, daß die Ärmeren der Wohlstandssphäre den Armen der übrigen Welt fast wie Wohlhabende gegenüberstehen. Der moderne Fiskalstaat demonstriert mit ruhiger Eindringlichkeit, wie er von jedem Überschuß für sich das Seine abzuzweigen weiß – und dies bis zur Hälfte aller Werterzeugnisse. Das entspricht *cum grano salis* der Erkenntnis der Frühsozialisten, wonach, jenseits all dessen, was seit dem 19. Jahrhundert »soziale Frage« heißt, die produktive Hälfte moderner Gesellschaften eine nichtproduktive, doch bei der Erziehungs- und Sorge-Arbeit mitwirkende Hälfte mitzutragen hat.[16] Die Überbrückung beider Sphären wird seit dem 19. Jahrhundert durch ein Bildungssystem geschaffen, das bis zu 95 Prozent einer Nationalpo-

16 Nancy Fraser unternimmt in ihrem Essay *Der Allesfresser. Wie der Kapitalismus seine eigenen Grundlagen verschlingt* (Berlin 2023) den bemerkenswerten Versuch, die historischen Befunde auf den Kopf zu stellen, indem sie die Mitversorgung der Unproduktiven durch das moderne Produktionssystem in deren Ausbeutung durch einen *Cannibal Capitalism* umdeutet. In Wahrheit sind weite Teile der Fortpflanzungs- Erziehungs-, und Pflegearbeiten längst an den fiskalischen Umverteilungsprozeß angeschlossen, so daß von einer Ausbeutung unsichtbarer innergesellschaftlicher Voraussetzungen des Systems kaum noch die Rede sein kann – bei fortgehender Ausbeutung der Naturquellen.

pulation alphabetisiert und dadurch dem systemisch wichtigen Gleichheitsglauben eine Stütze liefert.

Indessen war in der »traditionellen« sklavenhaltenden oder feudalen Gesellschaft jederzeit klar gewesen, daß das sichtbare unproduktive eine Prozent, Klerus und Adel (die betende und die waffentragende »Klasse«), sich von dem sehr breiten, wenn auch nur ein relativ geringes Mehrprodukt liefernden holzfeuerbasierten Unterkonstrukt mit agrarisch-viehwirtschaftlichen und handwerklichen Zügen tragen lassen durfte, nach eigener Auskunft seit je mit dem Segen Gottes und des Himmels.[17] Die avancierten Industriegesellschaften hingegen bewegen sich mit zunehmender Geschwindigkeit auf Zustände zu, in denen auf jeden einzelnen Steuerleistungsträger mehrere Empfänger von Transfereffekten kommen – ohne daß man immer sagen dürfte, es handle sich um Ausgleichszahlungen für abgeblendete systemstützende Beiträge.

Die in die Produktion einschießenden Exzesse an fossilen Energien der Industrien des 19. und 20. Jahrhunderts trieben den Massenausstoß von Gütern in solchem Maß voran, daß aus den abhängig Beschäftigten der Industriegesellschaftsära mehr und mehr auch eine Population von Konsumenten übernotwendiger Güter werden mußte. Wa-

17 Stalins Souffleur Nikolai Bucharin (1888-1938) hatte in seinen theoretischen Schriften das Symbol *m* benutzt, um die Summe des über die Subsistenz der Massen hinausgehenden Mehrprodukts einer Gesellschaft zu bezeichnen. Wenn das *m* der vorindustriellen Epochen auch durch traditionelle Knappheiten bestimmt war, blieb es doch ausreichend für die Subventionierung von Klerus und Adel, für die Errichtung von Kathedralen und Palästen sowie für die Unterhaltung von Administrationen, stehenden Heeren, Polizeien usw. Bucharins Einsicht bleibt im übrigen gültig: Die ökonomische Moderne erlaubt eine trockene Neubestimmung von Politik: Sie vollzieht sich wesentlich als Kampf um *m*.

ren mit Luxusaspekten haben die Produkteskala des Lebensnotwendigen seit längerem überflügelt; Oscar Wildes Bonmot: *Let me be surrounded by luxury, I can do without the necessities* ist in den Snobismus der Massen eingegangen. An zahlreichen Erzeugnissen, auch solchen, die man inzwischen für basal hält, läßt sich ein Aspekt von Abhängigkeiten (*addictions*) beobachten, die Analogien zum Drogenkonsum aufweisen, weit über das Syndrom des CSD (Compulsive Shopping Disorder) hinaus, darstellbar an den unausbleiblichen Entzugserscheinungen bei gelegentlichem Fehlen von Nachschub. Man kann somit konstatieren, das Industriesystem beschäftige seit mehr als einem Jahrhundert seine Angehörigen doppelt, ein erstes Mal als bezahlte Produzenten und Dienstleister, ein zweites Mal als konsumaktive Personen – ohne eine über den Verbrauchsgenuß hinausgehende Entlohnung (von Prämien zur Erwerbslenkung abgesehen). Tatsächlich ist das geldbewegte Gesamtsystem ohne seine luxurierende Konsumseite mitsamt ihren babylonischen Unterhaltungs- und Ämusierindustrien nicht mehr vorstellbar – seine Anhänge Sportbetrieb und Tourismus inbegriffen. Eine polyphon monotone Frauenpresse arbeitet erfolgreich an der fortgehenden Modellierung eines semi-feministischen, konsumintensiven, in Haus und Büro dynamisch auftretenden, selbstpflegend-narzißtischen Subjekttyps, bei dem der Faktor Mann zu einem Autonomie-Hindernis, gegebenenfalls zu einem Accessoire herabgestuft wird. Die in jüngerer Zeit vor allem in urbanen Zentren aufsprießenden Lieferdienste zeigen überdies, daß ein Teil der »Konsumarbeit« an eine Zwischenwelt von Zustellern delegiert werden konnte. Die Digitalisierung des Warenangebots und ihre Umstellung auf Delivery-Agenturen steht ganz im Dienst der Absenkung von Konsumentenstress. Manche Berliner junge Professionals lassen sich die Weihnachtsgans samt Beilagen garniert und temperiert nach Hause liefern. Eine extensive und invasive Gesundheits-, Schönheits- und Wellness-Industrie überflutet die entfalteten Freizeitgesellschaften mit weiteren Angeboten an Mitteln zur Selbstsorge und zum Selbstgenuß. Im Blick auf die Universen des Konsums ist zu bemerken, daß die Konsumentenmacht sich bisher nicht annähernd so wirkungsvoll organisieren ließ, wie es der Produzentenmacht im Zenit der Arbeiterbewegung mit ihrem großen Joker Streik gelang. Bei der Abdrängung der Konsumenten in überwiegend passive Positionen macht sich der Umstand bemerkbar, daß das Öl-und-Gas-System aus technischen Gründen die Entstehung einer Elite aus Öl-und-Gas-Bergleuten nicht erlaubte.

Die Nebeneffekte der riesenhaften neuen Stoffwechselprozesse waren schon im 19. Jahrhundert als störende Externalitäten auffällig geworden: Johanna Schopenhauer, die Mutter des Philosophen, notierte über einen Besuch in Manchester im Jahr 1803, die Stadt sei eine einzige lärmende Schmiede und der Himmel über ihr von dunklem Rauch verhangen. Ob als schnellwachsende Abfallgebirge, ob als überbelastete physikalische Atmosphäre und als Vergiftung, Verschmutzung und Überfischung der Meere, ob als inflationäre Ausweitung von Zivilisationskrankheiten sowie von Unfällen, psychischen Verstörungen und Pandemien: Die Explosion der Externalitäten deutet auf eine Grenze hin, an welcher der fossilenergetisch befeuerte *modus vivendi* mit zahlreichen kaum länger mißverständlichen Zeichen des Bis-hierher-und-nicht-weiter konfrontiert wird.

Setzen wir, um nur die gröbsten Zahlen zu nennen, die Tatsache an, daß im Jahr 2021 global mehr als 8,1 Milliarden Tonnen Steinkohle (rund die Hälfte davon in China) und 4,3 Milliarden Tonnen Erdöl gefördert und verbrannt wurden (der Faktor Erdgas fällt zusätzlich mit mehr als 4 Milliarden Kubikmetern ins Gewicht), verbrannt in erster Linie, um in die Zielsprache der »Energie *sans phrase*«, sprich: in die energiephysikalische *lingua franca* »Elektrizität« übersetzt zu werden, so ergibt sich für jeden erwachsenen Angehörigen der Industriegesellschaften ein Zuschuß an disponibler Kraft, der (je nach seinem oder ihrem Aufwand an Mobilität, Reisetätigkeit, Garderobe, Wohnkultur und Tischkonsum) dem Leistungsvermögen von zwanzig bis fünfzig Haushaltssklaven entspräche, in einzelnen Fällen sehr viel mehr. Die enormen Zugewinne an Verfügbarkeiten veränderten dank ihrer weiten Verteilung binnen weniger Jahrzehnte, besonders nach dem Zweiten Weltkrieg, den *modus vivendi* auch der Mittel- und Unterschichten. Die neuen Maßstäbe für alles, was nun »Lebensstandard« und »Lebenserwartung« hieß, verschoben sich bis an den Punkt, an dem die Erinnerungen an das vormalige Regime der Kargheit und die mit ihm verbundene Anspruchslosigkeit zu verblassen begannen. Die Erwartungen in bezug auf Teilhabe an den quasi anonym und massenhaft anströmenden Überflußgütern wurden für große Mehrheiten zu einer zweiten Natur. Die »Feuer des Neides«[18] trugen das Ihre bei, die konsumierenden Massen zu synchronisieren und zu verähnlichen. Es sind vor allem die horizontalen, zwischen gleichzeitig Lebenden wirkenden Nachahmungen – deren überragender Bedeutung für das Modernisierungsgeschehen in allen Bereichen man mit dem Ausdruck »Mode« in seinem gewöhnlichen Gebrauch nicht gerecht werden kann –, die für eine maximale Streuung der Attribute und Accessoires des souveränen und autonomen Da-

18 René Girard, Shakespeare. Theater des Neides, München 2011 [1990].

seinsstils sorgen, an erster Stelle die unentbehrlich scheinenden egotechnischen Operatoren: Smartphone, Kreditkarte, Personal Computer.[19]

19 Peter Sloterdijk, Homo aquisitor. Bemerkungen über den modernen Menschen als Kaufkraftbesitzer, in: Johannes Beermann (Hg.), 20 Jahre Euro. Zur Zukunft unseres Geldes, München 2022, S. 308-325.

E
Andere Kräfte, andere Feuer

Die multiplen Krisen der Gegenwart fließen in einer kompakten Diagnose zusammen. Sie statuiert, daß die summierten Effekte der Ausbeutungsverschiebung in der fossilenergetischen Ära die rationalen Erfordernisse des försterlich-nachhaltigen Wirtschaftens nicht erfüllen. Zwar möchte niemand die Errungenschaften des neuen *modus vivendi* preisgeben, insbesondere nicht die Entlastung der Frauen von den Zwängen des bäuerlichen, proletarischen und kleinbürgerlichen Haushaltens. Die Freisetzung der sexuellen Präferenzen von herkömmlich unterdrückten Minderheiten wird in der gesamten westlichen Sphäre seit kurzem als hohe moralische Leistung entlastungsstarker Zivilisationen herausgestellt – ja, die vorhandene oder fehlende Tolerierung von Homosexualität wird neuerdings, fast über Nacht, zum Kriterium der Bewertung nicht-westlicher Kulturen erhoben, als ob die Nichtfortpflanzung zum Maßstab zivilisierter Ethik geworden wäre. Die avancierten Gesellschaften können sich solche gleichsam über Nacht gekommenen und seither ostentativ hervorgekehrten Neubewertungen aus einem wenig beachteten oder zumindest selten explizit benannten Grund leisten: Sie haben aufgehört, die Erzeugung und Aufzucht von Nachwuchs als die ernsteste und vordringlichste aller gesellschaftlichen Aufgaben anzusehen – ein Akzentwechsel, der allenfalls im Zusammenhang mit der Krise der Pflege- und Care-Systeme zur Sprache kommt. Da praktisch überall im Westen der demographische Druck – man könnte sagen: der kategorische Imperativ der Reproduktion innerhalb eines Volkes bzw. einer Endogamiegemeinschaft – weggefallen ist, wird auch sein ehemaliger, über

Jahrtausende dominierender sexualmoralischer Überbau mit seinem strengen Tabu gegen die gleichgeschlechtliche, nicht-reproduktionsorientierte Erotik als überflüssig wahrgenommen – und dies mit nahezu katastrophischer Plötzlichkeit. Das offene Bekenntnis zu Präferenzen abseits der Mann-Frau-Polarität kann nicht mehr aus den traditionellen Motiven verpönt werden, seit die Entwicklung allgemein ins demographische Minus driftet. Der Luxusartikel »Kind« bleibt bis auf weiteres den »binären« und opferbereiten Paarbildungen vorbehalten, sofern man von den seltenen, systemisch nicht ins Gewicht fallenden Adoptionen durch gleichgeschlechtliche Paare absieht. Der Zusammenhang zwischen luxurierenden Konstrukten nicht-binärer nicht-reproduktiver Sexualität und fossilenergetisch entlasteten Lebensstilen bzw. Beziehungsformen ohne Hingabeopfer wird allerdings so gut wie nirgendwo reflektiert. Selbst italienische oder spanische Mütter wollen nur noch selten nach der Muttergottes geraten, indessen Madonna sich in das Schauspiel einer identitätsfluiden Selbsterfinderin versenkt. Ob sie bedenkt, daß ihre lustige Polyvalenz die Eigenschaftslosigkeit des Erdöls und seiner Alles-geht-Botschaft widerspiegelt? Das anti-genealogische Experiment der Moderne ist vollends in das Stadium der permanenten Krise eingetreten, seit die Alten mit den Jüngeren überwiegend nur noch durch unpersönliche Rentensysteme vermittelt sind, bei zunehmender Schwächung der althergebrachten familiären Solidaritäten.

Viel leichter läßt sich erkennen, wie sehr der in die Massen getragene Mobilitätsluxus für die Verwirklichung libertärer *modi vivendi* ins Gewicht fällt, bis hin zur offenen Dekadenz von Sauf- und Sextourismus und einer ausufernden Kreuzfahrtindustrie. Umgekehrt geschieht es nicht zufällig, wenn einige der größten fossil-parasitären Systeme der Gegenwart wie Saudi-Arabien und der Iran, seit kurzem auch Rußland, sich mit künstlichem Konservatismus gegen die Kulturwandeleffekte sperren, die sie an den westlichen Gesellschaften beobachten und die auch bei ihnen vor der Tür stehen – oder ihren Boden schon betreten haben. Die Öl- und Gas-Despotien des Ostens und Südens fürchten die Emanzipation ihrer oft noch in stammesfamiliären, gelegentlich halb sklavischen Mentalitätsverhältnissen fixierten Populationen, namentlich was deren weibliche Hälften betrifft. Mehr noch fürchten sie ihre eigene Entmachtung, da ihr Herrenstatus fast restlos von der zufälligen Monopolisierung fossiler Lagerstätten abhängt. Diese ermöglichen die Aufrichtung prätentiöser Kulissenstaaten und modernistischer High-Rise-Gebärden, die zu den zivilisatorischen Eigenleistungen der allzu schnell reich gewordenen Regionen in einem starken Mißverhältnis stehen.

Aus dem angedeuteten Übergang von der »prometheischen Scham«, wie Anders es nannte, zur prometheischen Reue – bei welcher der Titan zu der Ansicht kommt, daß er den Menschen das Feuer besser nie überbracht hätte – folgt die Frage, was an die Stelle der Abfackelung der unterirdischen Wälder treten könnte. Die seit einer Weile beliebte Geste des Bäumepflanzens besitzt eine gewisse sympathische Symbolkraft; mit der regenerativen Logik nachhaltiger Waldpflege hat sie wenig zu tun. Der dominierende *modus operandi* ist nach wie vor radikal extraktiv, er weist kaum eine Spur von Sinn für das Nachwachsende auf. Wenn sich inzwischen auch alle Welt mit dem Label »Nachhaltigkeit« dekoriert, handelt es sich zumeist und aufs Ganze gesehen (einzelne lokal überzeugende Projekte ausgenommen) um nicht mehr als einen wenig frommen Selbstbetrug. Man chloroformiert sich mit der Illusion, für die regenerativen Prozesse im ganzen etwas zu leisten, wenn man die Raumtemperatur senkt, die Gebäude isoliert und mit E-Automobilen dahinrollt; dennoch ist evident, daß kein einziger Hektar des unterirdischen Waldes oder Moores, der als Kohle, Öl oder Gas in Flammen aufgeht, je nachgepflanzt werden wird. Wir sind, was das Energie-Regime im großen und ganzen angeht, noch überwiegend auf Endverbrauchertum gepolt. Kein »energetischer Imperativ«, weder in der Wilhelm-Ostwaldschen Version von 1912 (»Verschwende keine Energie, nutze sie!«) noch in der Hermann-Scheerschen Fassung von 2010 (»Die Umstellung auf erneuerbare Energien zu 100 Prozent ist in der Reichweite des politischen Willens«), kann bis auf weiteres die große Ekpyrosis (die von Heraklit und den Stoikern sowie in der germanischen Mythologie gelehrte Wiederauflösung der Welt im Feuer) aufhalten. Das Erlöschen des Mega-Feuers wird auch in den kommenden Jahrzehnten verhindert durch den Kohlehunger von Großnationen wie China, Indien und den USA sowie zahlreicher Schwellenländer. Als ebenso hinderlich erweist sich der fürs erste unstillbare Kraftstoffdurst riesenhafter, noch immer verbrennungsmotorisch ausgerüsteter Flotten an zivilen und militärischen Personenkraftwagen, Lastfahrzeugen, Traktoren, Motorrädern, Tankern, Frachtschiffen, Fähren, Fischerbooten und Linienflugzeugen. Zu ihnen kommen nicht unbedeutende Zahlen an Kreuzfahrtschiffen, Yachten und Privatflugzeugen hinzu – alle im Dienst eines historisch beispiellosen Mobilitätsanspruchs von klarem Luxuscharakter.

Sollten wir die Möglichkeit von Aufbrüchen in ein Zeitalter der prometheischen Reue aufweisen können, wäre an erster Stelle zu zeigen, ob und auf welche Weise seitens der Menschen ein Verzicht auf das Feuergeschenk vorstellbar ist – oder zumindest seine Beschränkung auf ein weltklimaverträgliches Maß. Mit dieser Überlegung rühren wir an den Horizont aktueller und potentieller Technologien, die man post-prometheisch nennen könnte. Bei ihnen wird der Umgang mit Feuer und Flamme ausgeschaltet und durch Prozeduren nicht-pyrotechnischer Energiegewinnung ersetzt (wobei das Wort »alternativ« hier eine dubiose Rolle spielt, indem es suggeriert, man könne dasselbe tun, nur eben »anders«). Man darf bereits auf eine ansehnliche Skala von Möglichkeiten zur Gewinnung erneuerbarer Energien hinweisen: Sie reichen von der allenthalben gelobten Solartechnik über die Gewinnung von Biogas aus der Vergärung organischer Materie bis zu den Kräften, die sich aus Wind, strömenden und fallenden Wassern sowie Meeresgezeiten gewinnen lassen, die schwache Erdwärme nicht zu vergessen.

In diesen Prozeduren manifestiert sich ein neuer, zum Teil auf bewährte Methoden gestützter technisch-kultureller Habitus, der sich als energetischer Pazifismus bezeichnen ließe. Es sind, zum Beispiel, große mikrobische Farmbetriebe vorstellbar, in denen menschlich verwertbare Metamorphosen von organischen Rohstoffen zu Nahrungsmitteln geschähen – der »Stoffwechsel mit der Natur« würde dabei nicht durch menschliche Arbeit, sondern durch pilzartige biomechanische Organismen geleistet, im Modus einer Super-Joghurtkultur. Neuartige billige und elegante Rekuperationsmechanismen sollten eines Tages dafür sorgen können, daß auch kleinere Quanten kinetischer Energie sich in elektrische Leitungen und Speicheranlagen einspeisen ließen: Ein Citymarathon in Glasgow mit 50000 geeignet ausgerüsteten Läufern würde dann, unabhängig vom Tempo der Schnellsten, genügend Strom erzeugen, um ein schottisches Dorf mit tausend Einwohnern einen Monat lang energetisch bequem zu versorgen, tägliche Frühstückseier von Biohennen, bei 65 Grad temperiert, inbegriffen. Jede Exkursion mit dem

Fahrrad, jedes Treppensteigen, jede Wanderung im Freien, jede Trainingsstunde im Fitnessstudio, jede Bewegung von Fahrstühlen, jede Bahnfahrt würde durch smarte Technologie produktiv gemacht. Im Blick auf die Zukunft mikroenergetischer feuerfreier Systeme läßt sich die These wagen: Die Geschichte der intelligenten Energetik, namentlich im mikrotechnischen Feld, hat kaum erst begonnen.

Die Wende zu »pazifistischen« Formen der Energiegewinnung hätte zugleich einschneidende kulturmorphologische Implikationen. Sie könnte nicht nur dem Trend zu lokalen Ökonomien einen starken Anschub verleihen, sie würde darüber hinaus den Beweis ausführen, daß das Zusammenleben und Zusammenwirken von Menschen in überspannten Großkommunen vom Typus moderner Nationalstaaten mit Populationsgrößen jenseits der Fünfzig- oder Hundert-Millionen-Grenze und in überverdichteten Megacitys einen Irrweg der Zivilisationsgeschichte darstellte, nicht anders als es auch die demographische Entgleisung zahlreicher Länder war (bis 1900 der europäischen, im 20. Jahrhundert jener des globalen Südens), die sich durch überhöhte Geburtenraten in eine malthusianische Falle bewegt haben. Nur eine progressive Verkleinerung der politischen Einheiten könnte den hybriden Verschwendungskonstrukten der Großgesellschaften mitsamt ihren Riesenstädten zum weltökologisch dringend nötigen Abschied verhelfen. Gewiß, in der Urbanistik von heute ist seit längerem ein sensibler Streit im Gang, ob die Megastädte der Zukunft, klug reformiert, zur »Rettung des Planeten« beitragen werden oder ob sie sich in unregierbare Doomsday-Maschinen verwandeln, die nicht nur von Schwankungen der Energieversorgung und Anomalien der Lieferketten in chaotische Zustände katapultiert werden können, sondern bereits aufgrund ihrer hybriden Überverdichtung aus systemischer Sicht unhaltbare Gebilde darstellen. Jeder politisch-soziale Großkörper, der mehr als fünfzehn oder fünfundzwanzig Millionen Mitglieder zählte, müßte in der Folge aufgrund öko-mathematischer Grenzbetrachtungen unter einen formalen Bann gestellt werden; jede urbane Agglomeration mit mehr als 500000 Bewohnern wäre zu einer Plage der Zivilisation zu erklären – von wenigen glücklichen Ausnahmen abgesehen. Die Entflechtung der Metropolräume würde zur explosivsten strukturpolitischen Aufgabe der kommenden Jahrhunderte avancieren. In einer größensensiblen Zivilisation kann die Funktion eines klugen Landrats oder Bürgermeisters sich um vieles produktiver erweisen als die eines Ministerpräsidenten, der einen größeren Flächenstaat heutiger Ausdehnung mit summarischen und ortsblinden Direktiven zu regulieren versucht. Das Leitwort der urbanen Reform wird lauten: Die konviviale Stadt ist ein Glücksfall, die übergroßen Agglomerationen sind gebautes Unheil.

Überdies könnten die Verheißungen neuzeitlich demokratischer Lebensformen endlich von den Zweideutigkeiten der Repräsentativsysteme losgelöst und in realdemokratische Verhältnisse überführt werden. Kurzum, die Helvetisierung des Planeten allein würde die Weltkultur von ihren großstaatlichen und hypermetropolitanen Gewaltmärschen in die Natur- und Selbstzerstörung abbringen. Alles, was nicht nur groß, sondern »zu groß«, schädlich groß ist, läßt sich schon heute als definitiv zukunftslos auffassen – obschon es gerade die großen Strukturen sind, ob Staaten oder multinationale Unternehmen, die sich gegenwärtig durch zukunftsgierige Sprachspiele und visionäre Gestikulationen hervortun.

Einsichten wie diese sind bereits in druckreifen Versionen vorhanden, ihre Implantation wird vermutlich mehr von Katastrophen als von Warnungen vorangetrieben –

es war Carl Friedrich von Weizsäcker, der vor Jahrzehnten den prophetisch-didaktischen Ausdruck »Warnkatastrophe« prägte: Er sollte Ereignisse bezeichnen, die heftig genug sind, um Lernprozesse zu erzwingen, doch nicht so verheerend, daß nur noch Verwilderung auf sie folgen könnte. Es ist absehbar, daß kreative Anpassungen an neue Einsichten und neue Umstände konfliktüberfüllte Jahrhunderte in Anspruch nehmen.

Aus den Komplexen der aktuellen Polykrise ragt jetzt bereits das China-Problem aufgrund seiner internen Dynamik heraus. Ein imperiales Gebilde wie die Volksrepublik mit ihrer Milliardenpopulation ist durch ihre bloße Existenz, und ihrer längerfristigen ökologischen Unmöglichkeit wegen, ein für den Rest der Welt schwer überwindbares Hindernis gegen alle Versuche, die Menschheit aus den Sackgassen der politischen Großgebildesteuerung herauszumanövrieren – die dringende Erinnerung an die Unhaltbarkeit von politischen Überdehnungsgebilden rechnet zum Lehramt der aktuellen Geschichtswissenschaften. Es führt kein Weg daran vorbei, das System China in seinem aktuellen Zustand als den gefährlichsten *hostis generis humanae* anzusehen – nachdem es eine Weile als ausstrahlungsfähiger Hort großer Erwartungen gelten wollte; dies betrifft nicht nur seine heutige ökologische Malignität. Bei seinem Versuch, dem Widerspruch zwischen kommunistischer Ideologie und hyperkapitalistischer Wirtschaftsweise mit den extremsten Mitteln polizistischer Bürgerlenkung zu begegnen, entwickelt das System wie unvermeidlich eine Tendenz, die traditionelle Selbstbeschränkung eines »Reichs der Mitte« zu verlassen. Es mußte früher oder später beginnen, sein Selbsterhaltungsstreben in Expansionsprojekte zu übersetzen. Die Verächtlichmachung der Menschenrechte als imperialer Fiktion des Westens durch die chinesische Führung und ihre ideologischen Steuerungsorgane verrät, wie genau man dort weiß, daß ihr Reichskonstrukt und ihre Macht über dieses nur mittels rigoroser Repressionen, systematischer Neutralisierung von Freiheits- und Dissidenzimpulsen, nationalistischer Massendemagogie, forciertem Militarismus und eines bis auf weiteres unermeßlichen Verbrauchs fossiler Brennstoffe aufrechterhalten werden kann – ob die Ankündigungen einer weitgehenden Dekarbonisierung bis zur Mitte des 21. Jahrhunderts von den Ereignissen bestätigt werden wird, ist ungewiß, ja es erscheint als nahezu unmöglich. Es kam der chinesischen Führung ohne Zweifel ganz recht, daß sie hinter Wladimir Putin – der momentan evidentesten Personifikation eines Feindes des Menschengeschlechts – vorübergehend in den Schatten treten durfte. Ins problematische Bild fügt sich, daß China in der Frage der Sklaverei zweideutig agiert. Zwar hält sich das Regime zugute, seine armen Landbewohner infolge der von Mao Tse-tung geführten Revolution von feudaler Ausbeutung befreit zu haben, seine vorgeblich befreiten Bürger jedoch unterstellt es einem historisch beispiellosen System repressiver Überwachung, das alle einzelnen in (von außen gesehen) halbsklavische Rollen verweist. Gleichwohl scheinen große Mehrheiten (man spricht von achtzig Prozent Zustimmung zu dem Bürgerpunktesystem) mit den Verfahren ihrer Domestikation zufrieden zu sein. Die meisten Chinesen in den Zonen relativen Wohlstands haben sich binnen weniger Jahrzehnte zu einem unpolitischen Konsumindividualismus mit traditionellen kollektivistischen Obertönen bekehrt. Das System läßt nicht wenige Mitbürger, namentlich ethnisch-religiöse Minderheiten wie die seit dem 14. Jahrhundert islamischen Uiguren, Nachkommen eines zeitweilig mächtigen Steppenfürstentums, auch andere größere Gruppen, darunter in Haft genommene Praktizierende der Falun Gong, unter quasi sklavenhalterischen Zwängen vegetieren; es überdeckt sie mit lackglänzenden Sprachwendungen, die nur von Erziehung und Harmonisierung wissen wollen. Ein nahezu lückenloses, die Generationen übergreifendes System permanenter Gehirnwäsche generiert bei der Mehrzahl der Subjekte forcierter Sinisierung eine Art von Einverständnis, zu dessen Deutung und Prognose man in die Archive einer schwarzen Sozialpsychologie zurückgehen müßte. Zu bedenken bleibt, daß die chinesische Sprache, den Erläuterungen von Experten zufolge, sich seit Jahrtausenden zur grammatischen Matrix eines dienenden und auf ein Dasein im Kollektiv ausgerichteten *modus essendi* entwickelt hat – in habitueller Pietätspflicht gegenüber den Eltern und dem kaiserlichen Herrn. Dies evoziert von ferne – nicht zuletzt durch seine quasi-feudalen Aspekte – den Vergleich mit dem auch bei okzidentalen Menschen seit den Imperien des Altertums endemischen Habitus der *servitude volontaire*.

In einem Regime des energetischen Pazifismus müßte der Hauptfehler des bisherigen Zivilisationsprozesses aufgedeckt und nach Möglichkeit rückgängig gemacht werden. Es war ein fataler, obschon sehr naheliegender Lapsus, daß das Weltvölkerrecht den Nationalstaaten, als den zeitgenössischen Agenturen der menschlichen Glücks- und Unglücksverwaltung, mehr oder weniger reflexhaft und ohne angemessenes Prüfungsverfahren das Eigentum an den in ihren Territorien liegenden sogenannten »Bodenschätzen« zuzusprechen bereit war. Allzu selbstverständlich schien es fürs erste, die Landnahmen, aus denen Staatsgebiete wurden, auch als legitime Schatznahmen gelten zu lassen. Man übereignete die Güter in der Tiefe den zufällig darüber sitzenden Territorialherren, gleich ob sie in den USA, in Saudi-Arabien, im Iran, in Rußland oder sonst irgendwo gefunden oder neu erschlossen werden, statt sie, in ferner Analogie zu den von der Unesco definierten Gegenständen des »Weltkulturerbes« der Menschheit, von vorneherein zum allgemeinsamen Weltbodenschatzerbe zu deklarieren. Die proximalen »Besitzer« derselben wären dann jeweils nur als Treuhänder eines Menschheitsschatzes aufzufassen – sie dürften aus ihren Anteilen daran nicht mehr Vorteile ziehen, als ihnen durch die Anstrengungen der Erschließungs-, Wartungs- und Erhaltungsarbeit rechtmäßig zufielen. Hingegen hat die faktische Entwicklung gezeigt, daß sich die Besitzer, ihrer proximalen Vorzugsposition wegen, allenthalben wie vollberechtigte Eigentümer verhalten haben, mit dem Ergebnis, daß die Weltwirtschaft im ganzen aufgrund der bisher unantastbaren Plünderungsprivilegien zufälliger, vom plötzlichen Reichtum berauschter und korrumpierter Besitzer beschleunigt auf eine finale Verarmung aller zusteuert; dies geschieht an erster Stelle noch immer durch die fortgehende organisierte Brandstiftung der Industriegesellschaften und ihrer Nachahmerstaaten in den unterirdischen Wäldern. Ohne Zweifel wird man die aktuellen Praktiken eines Tages, bei nahender Erschöpfung der Vorkommen, als Extraktionsverbrechen verurteilen, so wie man heute viele Aspekte des Kolonialismus verurteilt und die Schädlichkeit atmosphärenwirksamer Emissionen aus vergangenen pyrotechnischen Exzessen beklagt. Die Malignität des bestehenden Systems manifestiert sich besonders grell an einem rein fossil-parasitischen System wie Rußland, das außer seinen flüssigen und gasförmigen Bodenschätzen nur einen einzigartigen Exportüberschuß an Lügen und gewollter Demoralisierung vorzuweisen hat.

Immerhin, der seit einer Weile in ökologisch sensibilisierten Milieus kursierende Gedanke, die sogenannten Bodenschätze bis auf weiteres in ihren Lagerstätten ruhen zu lassen, damit auch kommende Generationen an den noch nicht irreversibel vernichteten Reichtümern teilhätten, beinhaltet ein Element dessen, was durch die versäumte Übereignung des Weltbodenschatzerbes an die Gemeinschaft der Völker hätte zum Ausdruck gebracht werden sollen. Was man die Vereinten Nationen nennt, wäre eine weniger farcenhafte Organisation, wenn sie rechtzeitig die Macht gefordert und erlangt hätte, aus dem Gebot der Bewahrung des Weltbodenschatzerbes geltendes Recht zu schaffen. Statt dessen bedeutet »Weltpolitik« heute in ihrer Summe ein von Absurdität durchtränktes multifaktorielles Geschehen, bei dem sich Haupt- und Nebenmächte gegenseitig zu Zuschauern zukunftsarmer Aufführungen machen.

Ein abschließender Gedanke soll sich den Optionen zuwenden, die unter der Annahme offenbleiben, daß es nicht die prometheische Reue und ihr ökologischer Pragmatismus sein werden, was den Gang der Entwicklung bis auf weiteres lenkt. Eher zeichnet sich eine Art von neo-prometheischem, um nicht zu sagen hyper-prometheischem Aufbegehren ab. In welche Richtung solche Reaktionen verlaufen, läßt sich an den seit einem halben Jahrhundert unternommenen Versuchen zur Domestikation der Kernkraft aufzeigen. Mit der Manipulation der Nuklearenergie in gedämpften Kernspaltungsreaktionen hat der reuelose Prometheismus des 20. Jahrhunderts den Plan verfolgt, ein Feuer jenseits gewöhnlicher Pyrotechnik zu entzünden, abseits der menschlich erfahrbaren Manifestationen von Feuer und Flamme. Auf der gleichen Linie profilieren sich die noch anspruchsvolleren Programme, die Kernfusion den Energieforderungen der Machtstaaten verfügbar zu machen. Daß damit weitere Entdemokratisierungen der Großtechnik in den Horizont geraten, dürfte auf der

Hand liegen – sie wären durch deren Abhängigkeit von einem kontrollmächtigen Staat bedingt, der sich als Agentur aller Agenturen den großenergetischen Unternehmen aufzwänge. Das gleiche gilt für Projekte zur massenhaften Verpressung von CO_2 in unterirdische Hohlräume. In eine super-prometheische Richtung deuten auch Überlegungen zu der Frage, wie sich die enormen Energien des heißflüssigen Erdinneren mittels starker Geothermietechniken in menschlich nutzbare Ressourcen umwandeln ließen. Statt Vulkane unkontrolliert ausbrechen zu lassen, scheint es naheliegend, sie an Tiefen-Kraftwerke anzuschließen. Dem käme eine mentalitätsgeschichtlich und religionsdynamisch relevante Tendenz in den modernen Zivilisationen entgegen. Nachdem man von Göttern in der Höhe mehr oder weniger enttäuscht ist, legt sich der Pakt mit den unterirdischen Titanen nahe. Der vergilische Satz *acheronta movebo* (Aeneis VII, 312) (»Die Unterwelt werde ich in Bewegung setzen«) läßt sich auch als Motto zum Textbuch eines vulkanotechnischen Tagtraums lesen.

Außer Zweifel steht, das angebrochene Jahrhundert wird die Konfrontation von postprometheischen und neoprometheischen Strömungen sehen. Die zufälligen Besitzer verschwendungsfähiger Ressourcen werden mit den energetischen Habenichtsen vermutlich ebenso egomanisch, manipulativ, bestenfalls patronisierend verfahren wie vormals die Grundherren der Feudalzeit mit ihren Sklaven und Leibeigenen.

Bei der jüngsten Gipfelkonferenz der ölfördernden Staaten und der Ölmagnaten aus aller Herren Länder auf der Petroleum-Messe in Abu Dhabi (ADIPEC) Anfang November 2022 – es sollen nicht weniger als 150000 Abgesandte eines paradoxen Fortschritts zusammengefunden haben – wurde die Leitlinie künftiger offensiver Ölpolitik unmißverständlich proklamiert, ohne in nennenswerter Weise Rücksicht zu nehmen auf die von Geoklimatologen ins Gespräch gebrachten Risiken hinsichtlich der »Kippelemente« (wie bei den Permafrostzonen, der nordatlantischen Zirkulation, dem Monsun, den tropischen Regenwäldern, dem grönländischen und den antarktischen Eisschilden etc.): Solange eine ausreichende Nachfrage besteht – und deren Aufkommen gilt als gesichert –, bleibt man entschlossen, die Extraktion der kohlenstoffreichen Relikte aus den unterirdischen Wäldern von einem Höhepunkt zum nächsten voranzutreiben. Von jenem »Ende des Überflusses« (*fin de l'abondance*), über das man in einigen Ländern des Nordens seit Jahren diskutiert (und das der französische Präsident Emmanuel Macron am 24. August 2022 in einer aufsehenerregenden Rede zur Sprache brachte), will man in diesem Kollegium nichts gehört haben. Die Vorsprecher der pyromanischen Internationale machen keinen Hehl aus ihrer Absicht, den Sektor der flüssigen und gasförmigen Brennstoffe den wachsenden Anforderungen eines zuverlässig blinden und gierigen Weltmarkts anzupassen. Die Temperaturen steigen, der Kongreß tanzt. Wären die Delegierten und Großagenturen der kohlefördernden Nationen und Industrien miteingeladen gewesen, hätte das Ereignis von Abu Dhabi die Generalstände der fossilenergetisch-pyromanischen »Menschheit« versammelt. Doch auch in Abwesenheit der Kohle-Elite demonstriert es, daß es nicht »der Mensch« als Gattungswesen überhaupt ist, der den Übergang ins sogenannte Anthropozän bewirkt hat; es ist eine brandstifterische Elite von Ingenieuren und interkontinental operierenden Handelsgesellschaften, die – vom Europa des späteren 18. Jahrhunderts, danach von den USA ausgehend – ein weltweites Netzwerk von nahezu schicksalhaften, bis auf weiteres fast irreversiblen Energieabhängigkeiten geschaffen hat;[1] ein Schlüsselereignis hierbei war die geheime Begegnung des arabischen Fürsten Ibn Saud mit dem amerikanischen Präsidenten Franklin D. Roosevelt an Bord der USS Quincy am 14. Februar 1945 auf dem Großen Bittersee im Suezkanal, bei welchem eine Art von Teufelspakt für das energetisch-konsumistische Jahrhundert besiegelt wurde.

Die Botschaft der jüngsten Konferenz in der Hauptstadt der Vereinigten Arabischen Emirate an die Mitwelt ist nicht zu überhören: Noch für ein gutes halbes Jahrhundert dürfte der Extraktionsmarkt exzessive Gewinne generieren – falls man bereit ist, Billionen in die Modernisierung der Förderungsanlagen zu investieren. Manche Blicke richten sich auch auf den Schwarzen Kontinent, von dem es heißt, er sei fossilenergetisch unterausgebeutet; neuere Bohrungen versprechen, es könnte aus Afrika, jenseits von Nigeria, eine weitere Tankstelle des globalen Nordens und seines chinesischen Rivalen gemacht werden. Die angekündigten Investitionen, so wird behauptet, seien plausibel, solange sowohl die technisch avancierten Nationen als auch die aufholenden Volkswirtschaften darauf beharren, ihren erreichten Lebensstandard und ihre Verbesserungsversprechen an die ökonomisch schwächeren Teile ihrer Bevölkerungen zu verteidigen, indem sie, solange sie nicht zu anderen Praktiken gezwungen werden, auf

1 Unter diesem Aspekt scheint es sinnvoll, eher von einem Energozän als vom Anthropozän zu sprechen. Jason W. Moore hat statt dessen den Ausdruck Kapitalozän zur Debatte gestellt, um zu suggerieren, daß die marxistische Analyse und die Benennung eines hauptverantwortlichen Akteurs namens »Fossilkapitalbesitzer« weiterhin von Belang sei. Ignaas Devisch grüßt die Leser seines inspirierenden Buchs *Vuur. Een vergeten vraagstuk* (Amsterdam 2021) mit den Worten: »Willkommen im Heliozän!« Darin lädt er zur Entwicklung eines »neuen Feuernarrativs« ein.

den ausgetretenen Pfaden der pyrotechnisch-erdausbeuterischen Energiegewinnung weitergehen. Das gute Gewissen beschaffen sich einige von den unentmutigten Fossilenergie-Erzeugern, indem sie vorausblickend Reservesysteme aus Nachfolgetechniken aufbauen, an erster Stelle solare und wasserstofftechnische Verfahren, als wollten sie ausdrücklich bezeugen, wie gut sie den Ernst der Lage verstanden haben. Mit sarkastischem Realismus setzen sie darauf, daß die bisherigen Großverbraucher so lange wie irgend möglich an den eingespielten Zuständen festhalten werden (»Ambitionsmechanismus« hin oder her), während die wenigen Avantgarde-Nationen, die es mit der ökologischen Transformation ernst meinen, sich Sorgen machen müssen, aus einem Wettlauf in die ökonomische Niederlage als Sieger hervorzugehen. Leicht könnte der Fall eintreten, in dem der noch unerprobte Satz gelten wird: »Den ersten beißen die Hunde.« Hat man in den fünfziger und sechziger Jahren des vergangenen Jahrhunderts von einem »Zeitalter des Mißtrauens« gesprochen, nimmt die Gegenwart immer stärker die Züge eines Zeitalters der Leugnung an. Wo die (über mehrere Jahrzehnte gut organisierte) Leugnung nicht mehr ausreicht, treten die Spaltung des Bewußtseins und der Zynismus an ihre Stelle.[2]

2 Peter Sloterdijk, Réflexes primitifs: Considérations psychopolitiques sur les inquiétudes européennes, Paris 2021, darin vor allem: Ceux qui veulent être trompés (Die betrogen werden wollen), S. 7-61. Eine frühere Version dieses Essays erschien am 29. Dezember 2018 in der *Neuen Zürcher Zeitung*.
Der US-amerikanische Umweltforscher Michael Shellenberger hat mit seinem Buch *Apocalypse, niemals! Warum uns der Klima-Alarmismus krank macht* (München 2021) einen Versuch vorgelegt, die Umwelt- und Klimaproblematik auf eine Frage des technischen Fortschritts zu reduzieren, wobei er besonders den Ausbau der »sicheren und sauberen« Nuklearenergie empfiehlt. Er nennt die Klimabewe-

Der Konflikt zwischen den Sparern und den Verausgabern bzw. den Askesebereiten und den Verfechtern eines Menschenrechts auf Leichtsinn, die sich schon jetzt im Inneren der »postindustriellen« Gesellschaften zu Parteien mit noch konfusen Fronten formieren, wird Politikern, Technikern, Therapeuten und Ethikern für ein Jahrhundert und mehr Arbeit geben. Er bildet ohne Zweifel die Matrix vorbildloser transnationaler demagogischer Karrieren.

Bruno Latour (1947-2022) hat diesem Konflikt in einem neuartigen Szenario Kontur verliehen. Seit mehr als einem Jahrzehnt skizzierte er in einer Serie aktueller Lagebesprechungen von Krisenjahr zu Krisenjahr[3] einen emergierenden »Krieg« außerhalb aller bisherigen Kriegs- und Klassenkampfgeschichte: In ihm stehen die Menschen, die sich allmählich als Kinder *Gaias* zu verstehen lernen (unmythologisch gesprochen: als sorgenpflichtige Bewohner der *critical zone*, das heißt des dünnen Vitalgürtels der Erde, der die Biosphäre, Atmosphäre und »Noosphäre« umfaßt),[4] den Agenten einer malignen Globalisierung gegenüber, die bei der Ausbeutung der Erde ihre geoklimatischen Optionen nicht aus den Augen lassen, etwa den Umzug nach Neuseeland oder in andere Gegenden mit Insel- und Randlagenklimaprivilegien, notfalls in eine klimatisierte Welt unter Glas, wie sie schon heute für die *hap-*

gung eine medieninduzierte künstliche Panik. Shellenbergers Buch wurde von Fox News, Breitbart News und der *Welt* gelobt.

3 Bruno Latour, Kampf um Gaia. Acht Vorträge über das neue Klimaregime, Berlin 2017; ders., Das terrestrische Manifest, Berlin 2018; ders., Wo bin ich? Lektionen aus dem Lockdown, Berlin 2021; ders. mit Nikolaj Schulz, Zur Entstehung einer ökologischen Klasse. Ein Memorandum, Berlin 2022.

4 Bruno Latour/Peter Weibel (Hg.), Critical Zones: The Science and Politics of Landing on Earth, Cambridge, MA 2020.

py few in den arabischen Sommern zu erleben ist – oder gar ins All, als wären sie seit jeher Extraterrestrische gewesen, die nach vollzogener Plünderung des Planeten weiterziehen.

Solche »Extraterrestrischen« sind, wie Latour erklärt, bis auf weiteres auch »wir selbst« – solange wir die von den modernen Wissenschaften angefertigten Brillen tragen, die uns die Erde wie von außen zeigen, als gehörten wir nicht wirklich zu ihren eigensinnigen Auswüchsen, fluchtbegabt, wendig, listig und herrschaftsfähig. Wenn Latour für die erwachenden Geschöpfe Gaias einen Ausdruck wie »ökologische Klasse« einführt, sind marxistische Resonanzen im Spiel – mit der Nuance, daß das transformative »Klassenbewußtsein« für diesmal aus dem Verständnis unserer Stellung im Destruktionsprozeß folgen soll.

Latour macht es sich nicht so leicht wie der schwedische Klimaaktivist Andreas Malm, der in der Tonlage eines grünen Leninismus geradewegs die Zerschlagung der weltweit agierenden Ölkonzerne durch die Staaten fordert und hierzu die Strategie der vorerst noch friedlichen Sabotage empfiehlt, um die Regierungen der Industrieländer und das Ölkapital unter Druck zu setzen. Das ferne Ziel der neuen Militanz kann kein anderes sein als die Durchsetzung einer leider unvermeidlichen Klimarettungsdiktatur – unvermeidlich, weil die Halbherzigkeit der bisher mehr angekündigten als verwirklichten Maßnahmen nur noch durch radikale Interventionen, besser durch intervenierende Radikalität korrigiert werden könne.

Der Beweis für die antifatalistische Handlungsmacht menschlicher Aktionsgruppen, die aufs Ganze gehen, will stufenweise geführt werden: Was mit Klebeblockaden und Beschmutzungsattentaten auf weltbekannte Kunstwerke beginnt, wird sich eher früher als später radikalisieren; Anschläge auf Pipelines stehen schon virtuell im Programm;[5] bleiben solche Beweise für die Wirksamkeit des »Wir-können-selber-was-tun-Axioms« unzureichend, würden Schüsse als Argumente *ad hominem* gegen das Spitzenpersonal der Fossilelite folgen müssen – auch eine konservierende Revolution ist kein Picknick. Hätten Aktionen und Mobilisationen dieser Art für genügend Unruhe unter den Führern ins Desaster gesorgt, müßte nur noch der opportune Tag kommen, an dem ein grüner Lenin, unterstützt von einer grünen Tscheka, nicht mehr anders könnte, als in einer westlichen Nation, bevorzugt in den USA, aber warum auch nicht in der ökolabilen Bundesrepublik Deutschland, die Macht an sich zu reißen. Man würde es wohl mit einem grünen Analogon zur Idee des »Sozialismus in einem Land« zu tun bekommen, die Bucharin einst Stalin nach Lenins Tod eingeflüstert hatte. Eine neue Generation von Souffleuren arbeitet weltweit verstreut an der Aktualisierung der großen Gelegenheit.

Für die angemessene Deutung des Konzepts einer »ökologischen Klasse« bleibt Folgendes von Bedeutung: Latour setzt, anders als der Lenin-Bewunderer Malm, auf einen gewaltfreien Weg, den einer weitesträumigen kollektiven Bewußtmachung unter dem Eindruck von Zeitnot und Handlungsgebot. Obwohl er sich nicht zu der Frage äußerte, ob die rechtverstandenen Interessen der ökologischen Klasse mehr durch Berufsökorevolutionäre in der Nachfolge Lenins oder durch vielfältige Agenturen einer informierten Ungeduld vertreten sein werden, muß man doch annehmen, er habe den ökologischen Motiven als solchen die Fähigkeit zugetraut, so etwas wie eine grüne Sozialdemokratie in erdweiten Varianten zu evozieren. Die würde eine beispiellose Regenbogenpartei bilden, zu-

5 Andreas Malm, Wie man eine Pipeline in die Luft jagt. Kämpfen lernen in einer Welt in Flammen, Berlin 2017.

sammengesetzt aus Personen, Vereinigungen und Unternehmen, die sich – über kulturelle, religiöse und geschlechtliche Differenzen hinweg – als Kuratoren, Konservatoren, Forscher und Öko-Ingenieure, deutlich gesprochen: als resolute Nicht-Zerstörer der Lebensgrundlagen der meisten Mitbewohner des Planeten verstehen.

Wollte man Latours Botschaft in die Sprache veralteter sozialistischer Flügelkämpfe übersetzen, müßte man sagen, er sei der Kautsky, der den Genossen Lenin erneut ins Unrecht setzt.[6] Wer »ökologische Partei« sagt, hat die Legitimierung künftiger Politik durch eine verstehende Mehrheit besorgter Bürger im Sinn, nicht die Machtergreifung einer kleinen aktivistischen Minderheit, die es für alle anderen besser weiß. Eine grüne Sowjetunion – wie sie möglicherweise auf der Linie des radikalsten Flügels von Klimaaktivismus läge – würde den Hauptproblemen unserer

6 Daß Andreas Malm die Herausforderung wohl verstanden hat, zeigt sein Buch *Der Fortschritt dieses Sturms. Natur und Gesellschaft in einer sich erwärmenden Welt* (Berlin 2021), das ein einziges langes Gefecht gegen den Latourianismus darstellt. Dem wird in bester leninistischer Tradition Revisionismus, Fetischismus, Irrationalismus und »letztlich« die Zustände affirmierendes Denken vorgeworfen. Der Konflikt weist eine scharfe epistemologische Frontlinie auf – an der stehen sich Latours partizipative, immersive, kulturalistische Logik und Malms objektive, instrumentelle und naturalistische Logik gegenüber. Mit der letzteren möchte sich Malm die intellektuelle Führung sichern. Für den schwedischen Autor scheint die Machtergreifung über das fossilenergetische System – ganz so wie zu Lenins Zeit die Eroberung der Staatsmacht in Rußland – die letzte Gelegenheit zu sein, zu beweisen, daß Menschen die Subjekte der Geschichte seien und daß Descartes sie nicht vergeblich als *maîtres et possesseurs de la nature* bezeichnet hatte. Daher wird, gegen Latour, die Äußerlichkeit der Natur gegenüber der Gesellschaft postuliert, damit der Krieg gegen ihre Ausbeuter zu einer rein gesellschaftlich-politischen Angelegenheit erklärt werden kann. Somit: »Weniger Latour, mehr Lenin« (a.a.O., S. 146).

Tage nicht gerecht. Hingegen ist eine Politik an der Zeit, in der sich die verbliebenen freien Staaten, ob westlich oder nicht-westlich, dazu aufraffen, die fossilenergetischen Industrien willensenergisch zu disziplinieren. Worauf Latours Impulse zielen, sind nicht weniger als global verzweigte ökologische Demokratien mit konservativen, sozialistischen und liberalen Elementen – alle örtlichen Besonderheiten inbegriffen.

Um den nicht-utopischen Charakter dieser hyperutopisch klingenden Überlegungen zu erläutern, sind grundbegriffliche und grundsymbolische Besinnungen vonnöten. Die von Latour benutzten oder besser: produktiv aufgenommenen Ausdrücke *Gaia* (nach James Lovelock) und *critical zone* (nach Gail Ashley und Jérôme Gaillardet) mögen fürs erste ungewöhnlich, sogar mythologisch oder vage übergeographisch klingen. Ihre Bedeutung verdient Aufmerksamkeit bei allen, die die wachsenden Sorgen um das herkömmlich so genannte Verhältnis von »Mensch und Umwelt« durch ein mitwachsendes Bewußtsein von der planetarischen, vormals: irdischen Hausgemeinschaft allen Lebens teilen. Die beiden Ausdrücke, der mythologische wie der ökogeologische, treten in Konkurrenz zu dem anfangs biologisch oder metabiologisch konzipierten, dann sozioökonomisch und politisch gewendeten Begriff »Umwelt«: Ja, sie decken, auf diskrete unpolemische Weise, das ideologische Design des Umweltgedankens auf, wonach jedes Um aus der Sicht industriegesellschaftlicher Selbstverwirklichungsprojekte als eine »Ressource« oder als Hinweis auf eine solche aufzufassen sei. Mithin, was in die »Umwelt« des Menschen fällt, gilt fürs erste als ein Inbegriff von Verwertbarkeiten und von Aspekten derselben. Umweltschonung wird auf dieser Linie vor allem als Ressourcenschonung vorgestellt. Dem Konzept »Umwelt« in seinem nivellierten Gebrauch ist der Vorwurf zu machen, es mißbrauche den darin enthaltenen Ausdruck »Welt«, um die Hinordnung aller Dinge auf die befehlende, produzierende und konsumierende industriesystemische Mitte zu bekräftigen. Das Um von Umwelt bezeichnet einen Ring aus »Umständen«, von denen das Dasein sich um-»geben« glaubt, und von Ressourcen, die in den Radius von anthropozentrischen und industriellen Verwertungspraktiken fallen. Dann wäre das Weltganze ein Lieferservice im Dienst der Firma »Macht euch die Erde untertan«.[7] Wer von Umwelt spricht, muß sich fragen lassen, ob damit ein schonend anerkennendes Verhältnis der Einwohner zu ihrem Mitlebensraum gemeint ist – oder ob Umwelt nur eine Chiffre für die Einsaugung von allem Gegebenen ringsum in das schwarze Loch des Zentralprozesses darstellt.

Ein philosophisch besonnener Begriff der Welt hätte diese als Inbegriff der Offenheit aufzufassen – einer Verbindlichkeit fordernden Offenheit, sprich: eines Immersionsraums, in dem wir, ekstatisch eintauchend, in eine Lage geraten, aus der die Gegenstände der Sorge und der Empörung auf uns zutreten, ebenso wie die Anblicke des Schönen oder Erhabenen, die Blitzschläge des Erkennens und die gemeinsamen Fabrikationen des Wahren sowie die Forderungen der Gerechtigkeit. Wer *Gaia* sagt oder den Ausdruck *critical zone* verwendet, verzichtet auf die Illusion der ontologischen Distanz. Damit wird ohne weitere Ausrede klar: Das seit 1927 philosophisch so bezeichnete In-der-Welt-Sein[8] ist entweder eine hohle Formel, oder es bedeutet: Auf-Gaia-Sein und Dasein in der sensiblen Zone.

7 Carl Amery, Das Ende der Vorsehung. Die gnadenlosen Folgen des Christentums, Hamburg 1972.

8 Erscheinungsjahr von Martin Heideggers frühem Hauptwerk *Sein und Zeit*.

Es ist begreiflich, warum Überlegungen wie diese entweder ins Endlose weitergeführt werden oder abrupt enden. Das abrupte Ende zwingt sich auf. Nutzen wir es, um definitorisch zu erklären: Jede Form von nicht-unverantwortlicher Gestaltung künftiger Energie- und Weltpolitik kann ihrem Grundzuge nach nichts anderes mehr sein wollen als die Anwendung eines nach-prometheischen Aufrufs zur Teilnahme möglichst vieler – ob sie sich einer »ökologischen Klasse« zurechnen oder nicht – an einer von Einsicht bestellten freiwilligen Feuer-Wehr. *Fire-Fighters* aller Länder, dämmt die Brände ein!

Dank

Hiermit möchte ich mich bei den Veranstaltern des fünften Salon Public sehr herzlich bedanken, die mich eingeladen hatten, bei diesem Public-Science-Festival unter dem Patronat des Schweizerischen Bundesamts für Energie und von EnergieSchweiz am 6. und 7. Oktober 2022 die Eröffnungsrede zu halten. Mein besonderer Dank gilt Michel Pernet, dem Kreativdirektor der Agentur Blofeld, der das Konzept des Events zu Luzern entwarf, sowie Roger de Weck, der im anschließenden Podiumsgespräch mit mir die darin entwickelten Thesen diskutierte.

Das vorliegende Dokument entspricht in seiner ersten Hälfte weitgehend dem Wortlaut des Vortrags; in der zweiten Hälfte weist es zahlreiche Erweiterungen auf, insbesondere was die Konfrontation der Ideen von Andreas Malm und Bruno Latour betrifft.